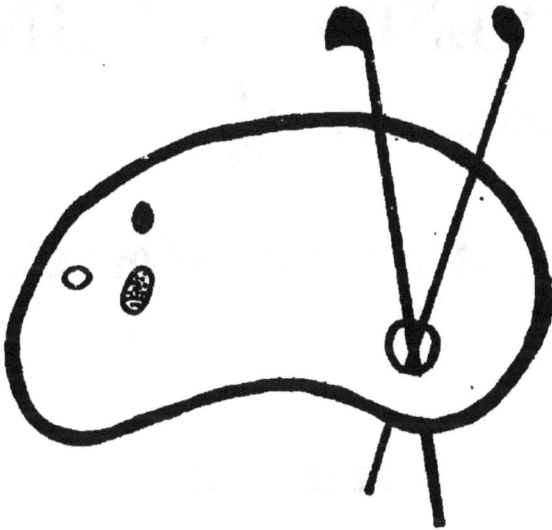

DEBUT D'UNE SERIE DE DOCUMENTS
EN COULEUR

PUBLICATIONS DE L'ÉCOLE DES LETTRES D'ALGER

BULLETIN DE CORRESPONDANCE AFRICAINE

TRIBUS

DU SUD-OUEST MAROCAIN

BASSINS COTIERS ENTRE SOUS ET DRAA

PAR

A. LE CHATELIER

PARIS

ERNEST LEROUX, ÉDITEUR

28, RUE BONAPARTE, 28

1891

ERNEST LEROUX, ÉDITEUR
28, rue Bonaparte, 28

PUBLICATIONS
DE L'ÉCOLE DES LETTRES D'ALGER
BULLETIN DE CORRESPONDANCE AFRICAINE

I. — E. Cat. *Notice sur la carte de l'Ogôoué.* In-8, avec carte . . . . 3 fr.

II. — E. Amélineau. *Vie du Patriarche Isaac.* Texte copte et traduction française. In-8. . . . . 5 fr.

III. — E. Cat. *Essai sur la vie et les ouvrages du chroniqueur Gonzalo de Ayora,* suivi de fragments inédits de sa Chronique. In-8. . . . . . . 2 fr. 50

IV. — E. Lefébure. *Rites égyptiens.* In-8 . . . . 3 fr.

V. — René Basset. *Le dialecte de Syouah.* In-8 . 4 fr.

VI. — G. le Chatelier. *Tribus du Sud-Ouest marocain.* In-8. . . . . 3 fr.

Les prochains fascicules comprendront les travaux suivants :

Em. Masqueray. *Textes de la Tamahoq des Taïtoq.* In-8.

René Basset. *La Zénatia des Beni Mezab de Ouargla et de l'Oued-Righ.* In-8.

Em. Masqueray. *Inscriptions de la Maurétanie Césarienne et de la Numidie.* In-8.

René Basset. *Les règles de saint Pacôme.* In-8.

VIENT DE PARAITRE
LOQMÂN BERBÈRE
Avec quatre glossaires et une étude sur la légende de Loqmân
Par René BASSET,
Professeur à l'École des Lettres d'Alger.

Un fort volume in-18. . . . . 10 fr.

ANGERS, IMP. A. BURDIN ET Cie, RUE GARNIER, 4.

4

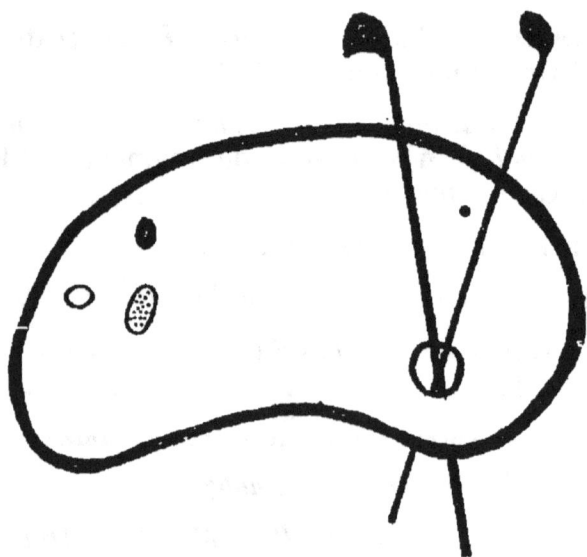

FIN D'UNE SERIE DE DOCUMENTS
EN COULEUR

PUBLICATIONS DE L'ÉCOLE DES LETTRES D'ALGER

BULLETIN DE CORRESPONDANCE AFRICAINE

VI

TRIBUS

DU SUD-OUEST MAROCAIN

BASSINS COTIERS ENTRE SOUS ET DRAA

PAR

A. LE CHATELIER

PARIS

ERNEST LEROUX, ÉDITEUR

28, RUE BONAPARTE, 28

1891

AVANT-PROPOS

Si près que le Maroc soit de l'Europe, il est encore
bien peu connu. L'étude de son peuplement offre surtout de nombreuses lacunes.

La cause en est autant à la difficulté de recueillir des
renseignements précis sur ses tribus, leur répartitions,
leur importance, qu'à la nature ingrate d'une mise en
œuvre de documents nécessairement incomplets.

Il nous a paru utile cependant de donner, malgré
leur forme sommaire, quelques notes réunies au cours
d'une excursion au Maroc, sur les tribus de la région
côtière comprise entre les bassins du Sous et du Drâa.

Dans le récit de son voyage à l'Oued-Noun, Gatell a
fourni quelques indications générales sur la population de cette partie du Maroc. Le rapport de l'expédition de Blasco de Garey en mentionne les principales
tribus. Lentz en cite également plusieurs. Enfin, M. Que-
denfelt en a donné dans le *Bulletin de la Société d'an-
thropologie de Berlin*, une nomenclature succincte.

Mais les seuls travaux utiles à consulter pour une
étude détaillée, sont la notice de M. Andrew, sur les Aït

Bâ Amran, et la relation de Sidi Brahim de Massat, publiée par M. R. Basset, qui font connaître deux des districts côtiers du sud-ouest marocain.

Le vicomte de Foucauld, dont l'itinéraire s'est maintenu à l'est des petits bassins secondaires compris entre ceux de Sous et du Drâa, ne s'est pas attaché à étudier leurs tribus, comme il l'a fait si complètement pour celles du Drâa.

Ces notes, fragment d'une enquête qui s'est étendue à l'ensemble de la population marocaine, peuvent donc servir de base à des recherches plus minutieuses. Mais c'est leur seul objet. Car, réunies par renseignements, et quoique complétées sur quelques points par les données de l'histoire marocaine, elles ne sauraient constituer des monographies définitives.

———

RÉGION COTIÈRE ENTRE SOUS ET DRAA

———

Entre les cours inférieurs de l'oued Sous et de l'oued Drâa, s'étendent plusieurs petits bassins côtiers : oued Oulghass et son affluent le Tazéroualt ; oued Adoudou ; oued Areksis ; oued Noun et quelques autres d'importance moindre. Ils sont à l'est séparés des bassins du Sous et du Drâa, par une ceinture de hauts plateaux montagneux, dont les épanouissements s'étendent jusqu'à la côte, et forment leurs lignes de partage.

Au point de vue de l'habitat, cette région se subdivise ainsi :

1° Le long de la côte :

    a — A l'embouchure de l'oued Oulghass, district de Massat.

    b — Entre l'oued Oulghass et l'oued Adoudou : district d'Azarar.

    c — De l'oued Adoudou à l'oued Noun : Aït Bâ Amran.

2° Dans le bassin moyen de l'oued Tazéroualt, le Tazéroualt.

3° Dans le bassin de l'oued Oulghass, les Ida Oultit.

4° Dans le massif montagneux qui forme la ceinture nord du bassin de l'oued Oulghass, les Ida ou Guenidif.

5° Dans la vallée supérieure de l'oued Oulghass, les Aït Ouefka, Amanouz et Aït Ahmed.

6° Dans le massif montagneux qui sépare l'oued Tazéroualt de l'oued Noun supérieur et sur les affluents de ce cours d'eau, les Aït Rkhâ, Ida ou Izid, Imejjat, Ifran, Ida ou Brahim.

7° Dans la vallée inférieure de l'oued Noun, le district de ce nom.

STATISTIQUE DES TRIBUS

NOMS DES TRIBUS	FUSILS	CHEVAUX
AIT MASSAT	1800	200
Total....	**1800**	**200**
AZARAR		
Aït Isaffen....	400	
Aït Brahim...	1500	200
Oulad Djérar..	350	50
Tiznit......	1500	500
Aït Sahel.....	1300	100
Aït el Aouina..	350	20
Aït Iguerer...	400	»
Aït Aglou....	3000	475
Aït el Gada...	350	»
El Khenabib..	300	»
Total....	**9450**	**895**
AIT BA AMRAN — *AIT BOU BEKER*		
Aït Bou Beker.	1500	100
Aït Iazza.....	400	25
Aït Izimmour.	1200	100
Aït Youb.....	500	50
Id Mousakna.	500	50
Imestiten.....	800	25
Aït el Khamis.	700	50
Aït Sahel....	1800	200
Djébala......	2000	25
Isbouïa......	2000	350
Total....	**11400**	**975**
AKHSAS		
Aït Bou Yacin.	1200	75
Aït Ali......	1000	75
Aït Bou Ifoullen.	1800	150
Total....	**4000**	**300**
TAZÉROUALT		
Iligh.......	8000	200
Ida ou Semlal..	8500	»
Divers (arabes, etc.).	3500	300
Total....	**20000**	**500**

NOMS DES TRIBUS	FUSILS	CHEVAUX
IDA OULTIT		
Ida ou Garsmouk	1500	»
Ida ou Bâqil...	3600	»
Aït Ahmed....	3600	»
Total....	**8700**	
Ida ou Guenidif.	3500	»
Aït Ouefka....	2500	»
Amanouz.....	2500	»
Aït Rkha.....	600	»
Imejjat......	6500	»
Ifran........	3000	»
Ida ou Izid....	2500	»
Ida ou Brahim.	3200	800
Total....	**24800**	**800**
OUET NOUN		
Aït Moussa ou Ali	1200	200
Aït Yacin.....	500	25
Aït Tekri.....	250	»
Azouafid.....	1100	100
Aït Ahmed....	700	150
Aït Messaoud.	800	125
Aït Oussa....	1000	100
Aït Bou Achera.	500	»
Tadjakant....	650	50
Oulad Bou Sebah	1250	»
Taoubalt.....	75	»
Aroussiyn....	250	»
Aït Yacin.....	700	»
Total....	**8775**	**750**
TOTAL GÉNÉRAL....	**84425**	**4420**

AÏT MASSAT

Territoire. — Massat est le nom du district que traverse l'oued Oulghass à son embouchure. Outre la vallée même, il comprend les plaines avoisinantes jusqu'au territoire des Chtouka, vers le nord. Très fertile, il est couvert de groupes d'habitations formant quelques *ksour* et de nombreux *agadir* entourés de jardins.

Origines. — Berbères et de *lef*[1] Taoggat, les Aït Massat sont issus d'émigrés des diverses tribus de la région qui se groupèrent autour des zaouiya de Sidi Bahloul et de Sidi Ouasseï, antérieurement au ii° siècle. A cette époque, au temps d'El Bekri, ils formaient déjà une tribu.

Tantôt indépendants des partis locaux comme marabouts, tantôt subjugués par leurs voisins ou par les sultans, les Aït Massat ont dépendu des Oulad Sidi Ahmed ou Moussa du Tazéroualt au xvii° siècle, sous Ali ben Mohammed (Ali bou Dmeïa) et au xix° avec Sidi Hachem. A la mort de ce dernier, ils ont rejeté l'autorité de son fils Sidi el Haoussin, sauf quelques ksour qui lui sont restés inféodés, et depuis l'expédition de Mouley Hassen au Sous, comptent parmi les tribus du pays soumises au sultan.

Situation politique. — Depuis leur soumission à Mouley Hassen, les Aït Massat ont successivement eu des

---

1. *Lef* est l'équivalent berbère de *çof*. Les tribus du sud-ouest du Maroc se répartissent en *Lef Taoggat*, et *Lef Taguizoult*.

caïds particuliers, puis ont relevé de celui de **Tiznit**. Ils ont chassé un des premiers qui appartenait à la famille des Oulad Sidi Ahmed ou Moussa et quoique appartenant au parti politique du Maghzen sont en fait quasi indépendants. Ils ne payent qu'irrégulièrement l'impôt et ne reconnaissent d'autre autorité dans les affaires intérieures que celle des *inefless* ou « kebar de la djemâa ».

La tribu est divisée en deux partis, celui des Ida ou Mout, et celui de Tasila, subdivisés eux-mêmes en fractions locales, souvent en lutte.

Collectivement elle fait *lef* avec les Aït Aglou et les gens de Tiznit, de l'Azarar. *Rhedem* de Sidi Ouasseï à la koubba duquel se tient un *moussem* annuel ou foire de patronage de trois jours, ils ne relèvent d'aucune influence religieuse sauf les quelques partisans des Oulad Sidi Ahmed ou Moussa. Sidi Ouasseï n'est que le patron de la tribu. Elle est d'ailleurs considérée comme maraboutique.

Fractionnement. — 1° Ida ou Mout, sur la rive droite, avec terres de culture sur la rive gauche, au bord de la mer (600 *fusils*; 50 *chevaux*).

Ksour :

Ar'balou — le plus grand (200 *feux*).	Agadir n Souk.
Ar'rim.	Aït Elias.
Sidi Binzaren ou Zmellalen	Tikiout.
Ida Oumm Yahia.	Ida ou el Loum.
	Tleta ou Ngueref.

2° Tasila, sur la rive gauche, en amont des terres de culture des Ida ou Mout (800 *chevaux*; 50 *fusils*).

Ksour :

Tasila.	Ikhraben.

3° Afensou [1] Djaouabr Tesinnoult Ifentar	Ksour isolés faisant lef avec Tasila contre les Ida ou Mout. (600 *fusils* ; 50 *chevaux*.)

[1]. Afensou reçut en 1882 un caïd des Oulad Sidi Ahmed ou Moussa et le chassa avec le concours de Tasila en massacrant ses partisans. Depuis, les habitants se sont dispersés dans toute la tribu et le ksar est abandonné.

AZARAR

Territoire. — L'Azarar n Tasra, est la région comprise entre le cours inférieur de l'oued Oulghass (oued Massat) vers son embouchure, le cours moyen de l'oued Oulghass au-dessus de son confluent avec l'oued Tazéroualt, l'oued Adoudou et l'Océan. Il englobe ainsi la vallée inférieure de l'oued Tazéroualt.

Le long de la côte, le territoire accidenté offre une chaîne de collines et de plateaux ondulés, découpés par de petites vallées. Au delà s'étend jusqu'à la vallée de l'oued Tazéroualt, une plaine, sablonneuse en quelques endroits, généralement fertile et bien arrosée. Là s'élèvent quelques ksour. Dans les collines côtières on trouve surtout des *dchour*[1]. Mais partout les agadir isolés sont nombreux. Tous les centres de population sont entourés de cultures et de jardins.

Origines. — Avec le Massat, l'Azarar forme une zone de transition entre les tribus du Sous et celles de l'Oued-Noun, ou plus exactement, les Chtouka et les Aït Bâ Amran. Il s'est ainsi peuplé d'éléments hétérogènes, les uns arabes, les autres berbères, et dans les luttes locales a tour à tour relevé du Sous, du Tazéroualt, de l'Oued-Noun,

---

1. *Dchour*, au Maroc désigne plus particulièrement les hameaux ouverts, formés de groupes d'habitations dispersées, par opposition aux *ksour*, villages fermés par une enceinte.

ou subi la domination des Aït Bâ Amran. Depuis la décadence des Oulad Sidi Ahmed ou Moussa, et plus particulièrement la mort de Sidi Hachem, il n'appartient
exclusivement à aucun des partis locaux et depuis la
reconstruction de Tiznit, son principal ksar, par Mouley
Hassen, en 1882, peut être considérée comme dans la
dépendance nominale du Maghzen.

Situation politique. — Lors de la campagne du
Sous, en 1882, c'est à Tiznit que s'arrêta Mouley Hassen
pour traiter avec les chefs du Tazéroualt et de l'Oued-
Noun. Tiznit était déjà un ksar de quelque importance.
Il l'entoura d'un rempart en pisé dominé par quelques
tours, y construisit une kasbah armée de quelques vieux
canons et y laissa une petite garnison avec un caïd du
Maghzen.

Tiznit est ainsi devenu le centre de l'influence du parti
maghzen entre le Sous, le Tazéroualt et l'Oued-Noun. Mais
si le ksar proprement dit, peuplé d'ailleurs en partie
d'émigrés choisis dans les tribus fidèles du Sous, relève
directement du sultan et lui sert de base d'opérations pour
toutes les entreprises politiques qu'il poursuit de ce côté,
la plupart des habitants de l'Azarar restent indépendants
du Maghzen au point de vue administratif, malgré la
nomination de cheikh et de caïds dans les diverses tribus.
Au point de vue politique seulement, ils font parfois lef
avec Tiznit, ceux du moins qui comptent parmi les partisans du Maghzen, contre les marabouts du Tazéroualt.
Quelques tribus ont même, dans les dernières années,
réuni leurs contingents aux forces du caïd de Tiznit, pour
appuyer ses tentatives contre les montagnards soumis aux
Oulad Sidi Ahmed ou Moussa et contre ceux-ci. En général les Arabes de l'Azarar sont favorables au Maghzen,

à l'encontre des Berbères, partisans des chefs du Tazérouall. Cependant cette règle n'est pas absolue.

Ainsi les Oulad Djerar, tribu arabe, ont eu à El-Aouina un caïd qui avait tenté de lutter contre Sidi el Haoussin ould Sidi Hachem. Fait prisonnier par le chef du Tazérouall il mourut dans les fers. Plus tard, après l'expédition de Mouley Hassen en 1882, les gens d'El-Aouina se réunirent au lef de Tiznit, par hostilité contre les Oulad Sidi Ahmed ou Moussa d'Ilîgh.

Bientôt cependant, pour échapper à la *ferda*, à la répartition de l'impôt, ils songèrent à quitter ce parti, et demandèrent l'appui des Aït Aglou en leur faisant la *debiha* (sacrifice). Ceux-ci leur envoyèrent un renfort d'une centaine d'hommes avec lesquels ils résistèrent au caïd de Tiznit. Peu à peu la querelle se généralisa. Les Aït Brahim, Ahl el Mâader et Ahl es Sahel, firent cause commune avec les Oulad Djerar d'El-Aouina et les Aït Aglou. Ils tombèrent sur une fraction des Aït Brahim eux-mêmes, restée favorable au parti de Tiznit qui à la suite de cette attaque réunit tous ses contingents. El-Aouina fut investie et ses défenseurs perdirent quatorze hommes dans un engagement qui mit fin momentanément à cette guerre locale (1888). Mais la querelle n'était pas complètement vidée, et, à la fin de 1889, les gens de Tiznit menaçaient de revenir à El-Aouina pour en faire sauter la mosquée.

Ces incidents donnent la note exacte de la situation de l'Azarar. Comme dans toute la région, l'état de guerre entre les fractions locales dont les éléments se transforment sans cesse, est le cas général.

Les influences religieuses dominantes sont celles des Nasseriyn du Drâa et des Oulad Sidi Ahmed ou Moussa. Dans le domaine politique, ceux-ci perdent sensiblement du terrain depuis une vingtaine d'années et surtout depuis 1882.

Fractionnement. — *Aït Isaffen* (400 *fusils*). — Tribu berbère, de lef Taguizoult, qui occupe les plateaux compris entre l'oued Oulghass et l'oued Tazéroualt vers leur confluent.

Indépendants du Maghzen, les Aït Isaffen sont en même temps hostiles au Tazéroualt. Ils ne reconnaissent aucun caïd et ont un conseil de dix inefless par *iedd* [1].

Deux iedd ou fractions :

    Aït Djeroud, | Aït Bou Tislit,
  Principal dchar : Amant Temghâ.

Les Aït Isaffen sont Rhedem de Sidi Messaoud bou Naman, des Aït Brahim et versent leur *dchour* à sa medersa.

Aït Brahim (1,500 *fusils*; 200 *chevaux*). — Tribu berbère de lef Taoggat, voisine dans la montagne des Aït Bou Beker, et séparée de la mer par le petit massif d'El-Aouina. Ils sont indépendants du Maghzen, et du parti du Tazéroualt contre celui de Tiznit, sans être Rhedem des Oulad Sidi Ahmed ou Moussa. L'autorité est détenue par un conseil formé de deux inefless par *afouss* ou fraction, soit douze pour toute la tribu. Ce conseil se réunit à Zaouiyat bou Naman et ses décisions sont en général respectées.

Six fractions :

AïtSidi Brahim ou Ali,	Aït Bou Naman,
Aït Tighanimin,	Aït Reg el Kebir,
Aït Derâa,	Aït Guerzogguen.

---

1. La base de fractionnement des tribus berbères du Maroc est le *Khoums*, le « cinquième ». Le caractère injurieux du nombre *Khamsa*, au point de vue religieux, le fait remplacer par *iedd*, « main » — On compte *arba* « quatre »; *ieddek* (les cinq doigts de ta main) « cinq ».

Principaux *Dchour* :

Agadir n Deren,	Bou Naman,
Abhari,	Imaterren,
Isil,	Aït Ouassoun.
Agadir Zouggaren,	

Ksour :

Z. bou Naman. | Z. Sidi el Razi. | Tighanimin.

Les Aït Brahim sont Rhedem des Nasseriyn du Drâa, par la branche locale de Sidi Messaoud bou Naman, dont la zaouiya forme le centre politique du pays.

Oulad Djerar (350 *fusils*; 50 *chevaux*). — Tribu arabe, originaire des Oulad bou Sebah (Oulad Yahia) comme les Oulad Djellal, et venue de Seguiat-el-Hamra. Les Oulad Djerar sont voisins des Aït Brahim d'un côté, du Tazéroualt de l'autre, et occupent la vallée de l'oued Ighermelloul, affluent de l'oued Tazéroualt (rive gauche).

Tour à tour du parti du Tazéroualt et de celui de Tiznit, ils cherchent à se rendre indépendants de l'un et de l'autre, quoique en majeure partie Rhedem des Oulad Sidi Ahmed ou Moussa.

Ils ont eu un caïd qu'a fait périr en prison Sidi el Haoussin et sont nominalement sous les ordres de celui de Tiznit, mais n'obéissent politiquement qu'à leur djemâa.

Quatre fractions :

Ighermelloul,	Ider,
Djoua,	El Aouina.

2

Ksour :

El Aouina (150 feux). | Ider.

Dchour :

El Ferinina, | Djoua,
Douar, | Ir'boula,
Reggada, | Aït Thaleb Yahia,
El Bouir, | Ir'rem.
Sentil, |

Outre les Oulad Sidi Ahmed ou Moussa du Tazéroualt, les Oulad Djerar sont Rhedem d'un patron local, issu de cette famille, Sidi Tadirt, à la koubba duquel se tient une foire annuelle. Comme on l'a vu, l'influence politique des Oulad Sidi Ahmed ou Moussa est en décroissance marquée.

———

Tiznit (1,500 *fusils* ; 500 *chevaux*). — Tiznit est un grand ksar entouré de jardins et de cultures arrosées par de nombreuses sources près de l'oued Adoudou, à la lisière du territoire des Oulad Djerar.

La population est berbère et de lef Taguizoult, quoique ses alliés traditionnels soient les Ida ou Bâqîl, eux-mêmes de lef Taoggat. Depuis 1882, l'autorité appartient à un caïd qui s'appuie sur une petite garnison du *djich*[1] et des *bouakher*[2]. Une kasbah a été construite dans le ksar entouré en même temps d'une muraille continue, défendue par des tours.

1. Cavalerie irrégulière.
2. Ou *abîd Sidi Bokhari*, garde noire de Mouley Ismaïl.

Tiznit est ainsi devenu le point d'appui de la politique maghzen dans la région.

Les gens de Tiznit se divisent en :

Id Mohammed,	Id addou el Hassen,
Oumejjat,	Zouiliat,
Id ou Moussa,	Aït Ouchen.

Aït Sahel (1,300 *fusils* ; 100 *chevaux*). — Les Aït Sahel occupent la rive gauche de la vallée de l'oued Adoudou jusqu'à la mer. Ils sont formés d'éléments chleuh et arabes, ces derniers issus des Skarna (Oulad Mouleit) du Sahara. Ils comptent dans le lef Taoggat, font lef local avec les Aït Aglou, contre Tiznit et les Ida ou Bâqîl.

La tribu obéit à un *amghar*, ou cheikh héréditaire, qui exerce un pouvoir absolu, mais est secondé par un conseil comprenant quatre inefless par iedd. Elle a payé l'impôt en 1882 et 1886 et reste indépendante du Maghzen en temps ordinaire.

Quatre ledd (fractions) :

Iferda,	250 fusils.	Aït Thkouaden,	350 fusils.
Tamegart,	500 —	Id bou Fous,	200 —

Ksour :

Iferda,	Aït Tameguert,
Ajguerourj,	Ifekhakhen.
Talat el Bahar,	

La rade de Sidi-Mohammed-ben-Abdallah, où se trouvait le port d'Ali-bou-Dmeïa, appartient aux Aït Sahel. Ils sont restés Rhedem des Oulad Sidi Ahmed ou Moussa, mais leur donnent seulement des *ziara*, versant l'âchour à leur amghar.

Aït el Mâader (Voir *Ersmouka*).

Aït el Aouïna (350 *fusils*; 20 *chevaux*). — Arabes des Ida ou Belal, qui sont établis à El-Aouïna (autre que le Talaïnt des Oulad Djerar), petit ksar à une demi-journée de la mer, à la limite des Aït Iguerer.

Les gens d'El-Aouïna sont du lef Taguizoult et du parti de Tiznit.

Aït Iguerer (400 *fusils*). — Petite tribu berbère, formée de deux familles de marabouts, les Aït Sidi Abderrahman et les Aït Sidi el Hassen, dont les chefs respectifs alternent d'année en année pour le commandement de la tribu.

Les Aït Iguerer se tiennent en dehors des partis locaux et sont surtout gens de zaouiya. Les Aït Sidi Abderrahman ont la leur à Aguinan, et les Aïd Sidi el Hassen à Amalou.

Aït Aglou (3,000 *fusils*; 375 *chevaux*). —Tribu Taoggat, formée d'éléments divers, berbères en majorité, avec beaucoup de *chorfa* et quelques Arabes. Elle occupe les plateaux ensablés qui dominent la mer des deux côtés de l'embouchure de l'oued Adoudou, et possède ainsi la belle rade d'Aglou, une des meilleures de la région. Les dchour sont à la crête des hauteurs, vers la côte, et les jardins s'enfoncent dans l'intérieur.

Les Aït Aglou peuvent être considérés comme du parti maghzen, encore que ne payant guère d'impôts et hostiles au parti de Tiznit. Ils ont cependant, en dernier lieu, fait la paix avec ce ksar en abandonnant les Oulad Djerrar d'El-Aouina, mais sont restés ennemis des Ersmouka d'El-Mâader.

L'autorité appartient à un caïd, issu des anciens amghar de la tribu, mais investi de son commandement par le sultan. Les Aït Aglou ne paient d'ailleurs pas d'impôt. Au caïd s'adjoignent quarante inefless comme djemâa, à raison de dix par iedd.

Quatre fractions :

Aït Raouiya (Aït Aglou). . .	1,000 fusils,	50 chevaux
Aït Imejjat.	1,200 —	200 —
Aït Imi n Terga	350 —	25 —
Aït sidi Barka (fraction du caïd)	450 —	100 —

Sur la rade même se trouve Tadema Aglou, le port, où il y a toujours un certain mouvement pour la pêche et où se tiennent chaque année un moussem et un *moungar*[1] de Sidi Ouasseï Aglou, mais où il n'existe pas de centre permanent d'habitation.

Au-dessus se trouvent, en remontant l'oued, quelques ksour avec de nombreux dchour qui en dépendent.

Ksour :	*Dchour :*
Imejjat Aglou :	El Kasbat, Imin el Aina, Tigma Mezimin, El Gaa, Harabi, Azad.

---

1. Fête patronale sans foire.

Ksour :	*Dchour :*
Imi n Terga :	Taognit, Tajarift, Tamelelt.
Zaouiyat Aglou :	Sidi el Hassen, Sidi Ahmed.
Zaouiyat sidi Oueggueg :	Talmodat Tisemgnan, Tafedna, Talamoucht, Talmodat Oufella, Tamelhalt, Tasamert.

Les Aït Aglou, bien qu'allant au Tazéroualt en ziara et debaïa, sont Rhedem des Nasseriyn, dont font partie leurs chorfa. Sidi Oueggueg, patron de la tribu, fut le chef de cette branche locale, et sa zaouiya est restée la plus importante,

———

Aït el Gâda (350 *fusils*). — Marabouts arabes descendant des Aroussiya (Oulad Sidi Ahmed el Aroussi) de Seguiet-el-Hamra.

Ils forment deux petites fractions : Aït Sidi el Hassen ou el Haoussin et Aït Sidi Arab, qui occupent les ksour d'El-Gaada et Tchouna.

Ils n'ont pas de caïd et relèvent politiquement d'Aglou.

———

El Khenabib (300 *fusils*). — Arabes des Aït Yaggoud, issus de familles maraboutiques du Sahara, les Ahl Sidi Hachem et Ahl Sidi ou Sidi. Ils occupent le ksar d'El-Khenabib et dépendent d'Aglou.

———

AIT BA AMRAN

Territoire. — Les Aït Bâ Amran forment une grande confédération qui s'étend le long de l'Océan, depuis l'Azarar, au sud de l'oued Adoudou, jusqu'à l'embouchure de l'oued Noun, et occupe dans l'intérieur le massif montagneux qui sépare l'oued Saïad (oued Noun supérieur) des bassins côtiers.

Dans cette dernière région, le territoire des Aït Bâ Amran est très accidenté. On y trouve des sommets de 2,500 mètres dominant des hauts plateaux de 1,200 à 1,500 mètres. Il est partout difficile et les vallées profondes qui traversent ces vallées sont en général peu accessibles, des gorges en défendant l'accès au débouché des plateaux.

A cette zone montueuse succède, près de la côte, un réseau de collines de 300 à 500 mètres, avec quelques sommets de 600 à 800 mètres, qui s'étendent jusqu'au littoral, dominé, sauf dans quelques fonds de baies, par des falaises abruptes. Les plaines sont rares et peu étendues.

Les principales rivières côtières des Aït Bâ Amran, oued Aguerzou, oued Zimmour, oued Assaka, oued Areksis, ont une certaine importance en raison des mouillages qu'elles offrent. On trouve en outre sur la côte quelques rades, dont deux surtout, celle d'Ifni et celle de Sidi-Mohamed-ben-Abdallah sont assez bonnes. Ifni était au nombre des points discutés comme pouvant être Santa Cruz de Mar de Pequeña.

Origines. — Les Aît Bâ Amran sont de lef Taguizoult. Ils descendent en majeure partie des Djezoula ou Guezoula [1], Berbères Masmouda, qui au xiie siècle, probablement après avoir refoulé les Zenaga au sud, occupaient la région côtière comprise entre le Drâa et le Sous. Les Guezoula jouèrent un rôle prépondérant dans l'avènement des Almohades et comme les autres Masmouda, cantonnés dans tout l'Atlas, se répandirent en dehors de leur habitat primitif.

Au xvie siècle, ils commencèrent à recevoir quelques émigrants des Arabes Maqhîl qui s'étendaient le long de la vallée de l'oued Drâa, et au xviie siècle, lors des conquêtes de Ali bou Dmeïa, subirent définitivement la suprématie politique des Oulad Amran, ou Armana, fraction des Oulad Abi Mansour de cette famille.

Mais tout en établissant leur suprématie sur les Berbères Guezoula du pays. tout en leur imposant leur nom, les Oulad Amran de l'Oued-Noun, à l'encontre de ceux du nord-est (région d'Oudjda), adoptèrent presque complètement la langue et entièrement les mœurs des autochtones.

Les Aït Bâ Amran, issus des Guezoula Masmouda et des Amarna Mâqhîl, sont donc restés une tribu berbère à peine arabisée. L'intensité du métissage varie d'ailleurs de fraction à fraction. Il en est qui sont complètement berbères, telle la tribu des Akhsas ; dans d'autres, les origines arabes sont plus reconnaissables, chez les Isbouia nomades par exemple.

Lors de la décadence du pouvoir des Oulad Sidi Ahmed ou Moussa, les Aïd Bâ Amran recouvrèrent leur indépendance, mais subirent les lois des sultans Alaouiyn, du règne de

---

1. *Taguizoult* est le féminin berbère de *Guezoula*.
2. Sidi Ali bou Dmeïa, dit aussi Sidi Ali bou Hassoun, n'est autre que Sidi Ali ben Mohammed, le petit-fils de Sidi Ahmed ou Moussa.

Mouley er Rachid à celui de Mouley Ahmed ed Dehebi.

Ils restèrent ensuite livrés à eux-mêmes, la plupart du temps, jusqu'à nos jours, guerroyant entre eux et contre leurs voisins.

Mouley Hassen réussit assez facilement à leur faire accepter des caïds en 1882, mais l'autorité de ces chefs indigènes resta toujours nominale.

Situation politique. — En 1882, lorsque Mouley Hassen soumit les Aït Bâ Amran, il laissa chez eux un camp de mille à douze cents hommes pour assurer la perception de l'impôt et fit même bâtir une kasbah à Tirouza. Mais presque aussitôt le départ de l'armée, deux caïds furent tués par leurs administrés et, dans une autre fraction, le caïd ayant reçu un cheval du sultan, les kebar exigèrent que la valeur leur en fût partagée. Depuis l'expédition de 1886, la situation ne s'est pas modifiée quant au pouvoir personnel des caïds. Cependant, les Aït Bâ Amran payent assez régulièrement un impôt, peu élevé d'ailleurs, sur une répartition faite par leurs kebar, qui recueillent les fonds et les versent aux caïds. L'impôt ainsi réuni est censé perçu, en faveur des zaouiya et medersa locales auxquelles était affecté autrefois tout l'achour, et qui reçoivent encore des offrandes importantes sous forme de contributions régulières.

Les Aït Bâ Amran n'ont pas l'organisation berbère des inefless. Leurs chefs de clans sont plutôt assimilables aux kebar des tribus arabes. Cependant il existe dans quelques fractions des cheikh héréditaires qui sont de véritables amghar.

Les Espagnols et les Anglais ont cherché à différentes reprises, sans succès, semble-t-il, jusqu'ici, à se créer des relations avec les Aït Bâ Amran, pour s'assurer la possession de leurs ports.

Fractionnement. — La confédération des Aït Bâ
Amran se subdivise en deux tribus aujourd'hui presque
distinctes, sans autres liens que des souvenirs historiques :
les Aït Bâ Amran proprement dits et les Akhsas.

I. *Aït Bâ Amran*. — Cette tribu occupe la région côtière
et la ceinture montagneuse de l'Oued-Noun, au nord. Bien
que fractionnée en une foule de partis locaux qui se transforment incessament, elle offre deux subdivisions principales :

Aït Bou Beker | Aït Ikhelef.

Les seconds sont les descendants historiques de la
branche aînée des Amarna, de Mokhelef ibn Amran. Mais,
moins puissants que les Aït Bou Beker, ils ont dû leur
céder le premier rang dans la confédération, d'où des
luttes qui se poursuivent de génération en génération.

Une famille, issue des Oulad Amran et à laquelle revien-
drait le pouvoir par droit héréditaire, a même dû quitter
le pays et se fixer à Taseririrt, au pied de la montagne des
Imejjat et des Akhsas, sur l'oued Saïad.

Les Aït Bâ Amran ont quelques ksour et habitent surtout
des dchour avec agadir, sauf chez les Isbouia nomades, où
on trouve des douar avec kasbah.

a — *Lef des Aït Bou Beker*.

1• Aït Bou Beker.   { Tiiout.
                      { Id ou Cherra.

Ksour :

Kasbat el Khamis, Z. Sidi Ali Tabarkat, Aït Zgermouken.

2° Aït Iazza. . . .	{	Igourramen.
		Ihaniin.
		Aït el Hadj ali.

Ksour :

Dou ou Drer	Bou Gorfa.

Les Aït Iazza, bien qu'appartenant au lef général des Aït Bou Beker, sont leurs ennemis particuliers.

3• Aït Izimmour . .	{	Ikharen.
		Aït Thiout.
		Aït z. Sidi Salah.
		Aït Ali ou Ouggoug.
		Id Chahra.

Ksour : Agadir Ifkharen.

Sidi bou El Fedaïl, près de la rade de ce nom qui forme un assez bon port.

Les Aït Izimmour relèvent d'une famille qui se transmet le pouvoir de père en fils : les Oulad Yahia, très influents dans tout le lef,

4° Aït Youb. . . .	{	Aït Sidi Ouam el Aft.
		Aït Dour.
		Aït Loulou.
		Aït bou Mellam.

5° Id Mousakna . .	{	Aït Imou Asif.
		Aït Izgui el Bahar.
		Aït Chemch.

L'anse de Sidi-Mohammed-ben-Abdallah, ancien port de Sidi-Ali-bou-Dmeïa, appartient à cette fraction.

6° Imestiten . . .	{	Aït el Medersa.
		Aït Smahra
		Aït Asaken n Ali ou Amar.

Ksar : Djerifiat.

Ils possédaient le port de Sidi-Ouirzeg, qui leur a été
enlevé par les Aït Ikhelef, et ont encore celui d'Ifni, le
meilleur de la région.

7° Aït el Khamis . .	{	Aït Iseg.
		Aït Tigma Mkorin.

Ksar : Tadert.

Outre ces divisions particulières, il reste à noter que les
riverains de la mer, dans toutes ces fractions, sont connus
sous le nom d'Aït Sahel, et forment un parti souvent opposé
à celui des gens de l'intérieur.

b — *Lef des Aï Ikhelef.*

Les rapports des différentes fractions de ce parti sont
encore plus instables que ceux du groupe des Aït Bou
Beker. Elles composent cependant deux grandes tribus,
les Aït Ikhelef et les Isbouia.

1° Aït Ikhelef. . .	{	Aït Sahel.
		Aït Ikhelef.

Les Aït Ikhelef proprement dits, habitent le pâté montagneux qui sépare la vallée de l'oued Saïad des bassins
côtiers et continue au nord par celui des Akhsas. C'est chez
leurs Aït Sahel que se trouve la kasbah du Maghzen de
Tirouza et le port de Sidi-Ouirzeg, enlevé par eux aux
Imestiten précédemment de leur lef, et qui depuis l'ont
quitté.

Très inhospitaliers, les Aït Ikhelef de la montagne, sont

peu connus, même de leurs voisins, ainsi du reste que la plupart des Ibou Idraren. Leur pays passe pour renfermer de nombreuses richesses minières.

2° Isbouïa.

Tribu quasi indépendante de la confédération et qui est en partie nomade entre son territoire et l'oued Noun. Elle se rattache cependant au lef des Aït Ikhelef, étant constamment en luttes contre les Aït Bou Beker. Les Isbouïa, reconnaissent pour chef Si Mohammed ou el Aiat, dont le clan est assez nombreux, pour qu'en dernier lieu il ait pu soutenir la guerre pendant quatre mois contre les Aït Bou Beker, sans faire appel au reste de la tribu.

Leur douar se déplaçant, les Isbouïa ont de nombreuses kasbah pour l'ensilotage.

Les Isbouïa se divisent en trois principales fractions :

> Id Yacin,
> Aït Ahmed ou el Hassen,
> Aït Bâ ou Ahmed,

auxquelles s'ajoutent les clans moins importants des :

Aït Ali ou Amor.	Id Iaggou,
Id Sidi el Hassen ou Salem	Id Abdallah ou Brahim.

Enfin ils comptent parmi eux une fraction exclusivement arabe, venue des parages de Seguiet-el-Hamra, les Assaka.

Le dernier fractionnement administratif attribuait aux Aït Bâ Amran cinq caïds, savoir :

Aït Bou Beker,		1
Aït Izimmour,		1
Isbouïa,		1
Aït Ikhelef	Djebel,	1
	Sahel,	1

Leurs effectifs non compris les Akhsas seraient, en se reportant au fractionnement indiqué ci-dessus :

Aït Bou Beker.	1,500 fusils	100 chevaux
Aït Iazza	400 —	25 —
Aït Izimmour	1,200 —	100 —
Aït Youb	500 —	50 —
Id Mousakna	500 —	50 —
Imestiten.	800 —	25 —
Aït el Khamis	700 —	50 —
Lef des Aït Bou Beker	5,600 fusils	400 chevaux
Aït Ikhelef. { Aït Sahel . . .	1,800 fusils	200 chevaux
Djebala	2,000 —	25 —
Isbouïa	2,000 fusils	350 chevaux

Soit pour l'ensemble de la confédération, non compris les Akhsas, 11,400 fusils et 975 chevaux.

Au point de vue des influences religieuses, les Aït Bâ Amran n'appartiennent à aucun parti, bien qu'ils comptent de nombreux Rhedem de Sidi Ahmed ou Moussa, qui vont en ziara au moussem d'Iligh. Depuis la chute d'Ali Bou Dmeïa, la confédération n'admet plus le *ferd*, le tribut religieux de répartition en faveur de ses descendants.

Les Rhedem de Sidi Ahmed ben Nasser sont également en assez grand nombre mais comme *ouerd* seulement. Deux patrons locaux sont surtout révérés aussi bien chez les Aït Bou Beker que chez les Aït Ikhelef :

Sidi Bou Brahïm, dont la zaouiya est à Ireg, et Sidi Smaïn ou Ali, des Ida ou Bakrim, dont la zaouiya est à Bou-Guerfa.

II. *Akhsas*. — Les Akhsas occupent le territoire montagneux compris entre le Tazéroualt au nord, les Aït Bâ

Amran à l'ouest, et les Imejjat à l'est. Beaucoup plus que les autres Aït Bà Amran, ils sont restés Chleuh Guezoula, et, à proprement parler, se sont complètement séparés de la confédération lorsque les Amarna y ont établi leur prédominance. Ils habitent des dchour échelonnés par fractions (districts), au milieu des cultures le long des oued et près des sources dans la montagne.

Soumis encore aux chefs du Tazéroualt, ils subissent moins que les Aït Bà Amran l'action du Maghzen, tout en payant un léger impôt à leurs caïds dont le rôle est nul à tout autre égard. Actuellement ils relèvent, toujours au point de vue de la politique locale, des Oulad Sidi Ahmed ou Moussa, qui possèdent toutes les zaouiya de la tribu. Eux-mêmes les chefs de clans, qui jouent le rôle de cheikh, prennent leur mot d'ordre à Ilîgh.

Les Akhsas ont pour toutes les affaires intérieures conservé l'organisation berbère. Ils sont divisés en trois iedd (fractions) où l'autorité est exercée par quarante inefless (dix inefless pour chacun des quatre clans principaux qui représentent un sous-fractionnement). Les inefless de chaque fraction choisissent ou subissent comme cheikh, chargé du pouvoir exécutif, le chef du clan le plus fort.

Les trois fractions sont les Aït Bou Yacin et les Aït Bou Ifoullen qui forment les Aït Adoudou et occupent le bassin supérieur de l'oued Adoudou ; et les Aït Ali sur l'oued de ce nom, affluent de l'oued Saïad, chez les Ida ou Brahïm, vers l'Est.

Chaque iedd se subdivise en nombreux clans — *adam* [1] — dont les principaux sont indiqués dans le tableau suivant :

---

1. *Adam*, « os ». — Le squelette de la main est formé d'os. Étendant la classification figurée qu'ils ont adoptée, les Berbères marocains désignent sous le nom de *adam* les subdivisions des iedd.

Aït bou Yacin (Iedd) :

Tazarin,
Imizzilen,
Id bou Chmid,
Aït Sidi Ali ou Saïd (zaouïa),
Id Yacin,
Id Oumnat.
Ida ou Hachem,
Aït Abdallah,

Aïl Dou ou Drer,
Id Chérif,
Aït Talet,
Id Smaïn,
Aït Sidi Ali Tabarka t,
Aït Terf ou Asif,
Aït Dir n Tadrarat,

Aït Ali :

Aït Sidi Oummou el Hassen
(zaouiya),
Mikert (clan d'émigrés arabes).
Id Hoummou,

Id el Arbâa,
Id Chemouk,
Aït Timezguida n el Arbâa,
Aït Souk Tleta,

Aït bou Ifoullen :

Bou Izagaren,
Tagant n Toutel,
Igorramen ou Izguen,
Aït Oum Ouasif,
Aït bou Tegoua,
Aït Ouefkha,
Ichaggaren,
Id bou Roua,

Id ben Salem,
Imhaden.
Agadir Oumrar,
Id bou Ighaghasen,
Talet Ouergan,
Talet n Tarant,
Izgouar,
Id Rhezel.

Ces noms de clans correspondent à ceux des dchour.
Parmi les plus importants de ces centres de groupement
on peut citer :

Aït bou Yacin :   Z. Sidi Ali ou Saïd ; Aït Abdallah.
Aït Ali :   Mikert ; Aït Sidi Mohamed Cherif ; Id el
                  Arbâa.
Aït bou Ifoullen : Bou Izagaren ; Id bou Teroua ; Ouefkha.

C'est dans ces dchour que se trouvent les principaux agadir des fractions, leurs points de concentration.

Les effectifs totaux des Akhsas peuvent s'élever à 4,000 fusils et 300 chevaux, se répartissant ainsi :

Aït bou Yacin .	1,200 fusils	75 chevaux.
Aït Ali. . . .	1,000 —	75 —
Aït bou Ifoulleu .	1.800 —	150 —

———————

TAZÉROUALT

Territoire. — Tazéroualt est à proprement parler le nom d'un affluent de gauche de l'oued Oulghass. Par extension il s'étend au district limité par ces deux rivières, au-dessus de leur confluent et jusqu'à leur bassin supérieur. Le territoire de ce district ne va pas tout à fait jusqu'à la vallée de l'oued Oulghass, au nord, et comprend sur la rive gauche de l'oued Tazéroualt ses principaux affluents.

Ceux-ci sortent de hauts plateaux dominés çà et là par des crêtes montueuses dont les reliefs supérieurs atteignent 2,000 à 2,500 mètres et qui sont le prolongement de la chaîne de partage entre Drâa et Sous. Au nord-est du district, elle donne naissance à l'oued Tazéroualt et à l'oued Oulghass.

La région intermédiaire entre ces deux rivières offre dans son ensemble l'aspect d'un plateau incliné de l'est et du sud, vers l'ouest et le nord. De 200 mètres au confluent des deux oued, il s'élève à 500 ou 600 mètres vers le milieu du cours du Tazéroualt, et présente quelques arêtes montueuses.

Dans son ensemble, le pays est fertile et peuplé. Habité en dchour avec agadir, il renferme quelques ksour à enceinte continue, Iligh notamment, où résident les chefs de la famille de Sidi Ahmed ou Moussa.

Origines. — Le Tazéroualt, occupé par de nombreuses colonies romaines, puis juives et chrétiennes, avait pour habitants à l'origine de la période historique des Berbères Guezoula (Masmouda) mélangés autrefois aux étrangers fixés parmi eux. Ceux-ci subirent au XVIᵉ siècle l'effet de l'invasion des Lemtouna sahariens. Abdallah ibn Yacin, le fondateur de la dynastie des Almoravides, qui les avait entraînés à sa suite, était lui-même Guezouli. Mieux accueilli par ses compatriotes que par les Djedala de Sidjilmassa qu'il dut soumettre de force, il laissa parmi eux quelques colonies de Lemtouna, d'autant plus nombreuses au Tazéroualt que ce pays se trouvait sur la route des invasions sahariennes vers le Sous. Enfin à l'époque moderne, quelques fractions des tribus arabes du Drâa inférieur sont venues se fixer dans la région. Mais l'élément aborigène n'en est pas moins resté dominant, sans modification de ses caractères distinctifs et revendique exclusivement une origine Taguizoult.

Jusqu'au XVIᵉ siècle, l'histoire du Tazéroualt, liée à celle du Sous, de toute la contrée n'offre aucun trait particulier. A partir de cette époque, au contraire, il a ses annales propres.

La décadence du pouvoir des Beni Merin Ouettas, et le succès des Portugais et des Espagnols dans le nord du Maroc, avaient eu pour contre-coup au Sous, un mouvement de réaction religieuse et politique qui, dans les premières années du XVIᵉ siècle, aboutit à la fondation de la dynastie des Saadiyn.

De tous côtés, les Berbères de la région cherchaient à se grouper autour d'un chef pour résister aux empiétements des chrétiens, maîtres de plusieurs ports sur la côte. Leur choix guidé par les cheikh des confréries locales se porta sur le fils d'un chérif originaire de Yambo et dont la famille s'était fixée dans le Drâa. Il habitait lui-même à

Tagmadart, dans le Fezouata, et s'était momentanément établi à Akka, d'où il avait fait de fréquents voyages dans le Sous.

Ses deux fils, Aboul Abbâs Ahmed El Aâred et Abou Abdallah Mohammed ech Cheikh, qu'il avait de longue main préparés à leur mission, furent tout d'abord reconnus comme chefs, sur le même pied, par leurs partisans. Après avoir chassé les Mérinides de Marokesch, ils se partagèrent leurs états. Puis Mohammed, au prix de longues luttes, se débarrassa de la compétition de son frère. Il s'empara de Fès, restée au pouvoir des Beni Merin, et à sa mort se trouvait maître de tout le Maroc, sauf les tribus de l'Atlas. Son fils Mouley Abdallah lui succéda et son avènement consacra la fondation de la dynastie des Saadiyn.

Parmi les personnages religieux qui avaient le plus contribué à entraîner le Sous dans leur parti, se trouvait un chérif des Semlala Idrissiyn, Sidi Ahmed ou Moussa, qui, originaire du Tazéroualt, y avait fondé une zaouiya chadelienne, du rite de l'imam Sliman el Djazouli. Enterré dans la tribu des Haha, au nord du Sous, et appartenant aux Guezoula, celui-ci avait laissé le souvenir d'un grand saint. Il était devenu le patron des Berbères de la région et Sidi Ahmed ou Moussa avait hérité de son ascendant.

L'influence du ouali du Tazéroualt était, d'ailleurs, d'autant plus grande que sa famille représentait la lignée des chorfa Idrissiyn. Elle descendait de Mouley Abdallah, le plus jeune des fils de Mouley Idriss el Seghir, auquel était échu le Sous, dans le partage du Maroc à la mort du fondateur de sa dynastie, la plus populaire chez les Berbères.

Jeune encore au moment où les Saadiyn arrivèrent au

pouvoir, Sidi Ahmed ou Moussa ne cessa de leur prêter jusqu'à sa mort, l'appui de son influence. Il rendit notamment de grands services au petit-fils de leur premier chef, Abou Mohammed Abdallah el Ghalel Billah, en se portant garant de son zèle religieux et de la pureté de ses mœurs, services d'autant plus efficaces, qu'il n'eût tenu qu'à lui d'étendre au domaine politique son ascendant, absolu au point de vue spirituel, du Drâa au Sous. Les Saadiyn ne cessèrent du reste de l'entourer d'égards jusqu'à sa mort, et peu auparavant le sultan, dont il avait rétabli le prestige atteint, vint en 1560, à sa zaouiya, lui faire une ziara solennelle.

Mais l'entente ne fut pas de longue durée entre les Saadiyn, qui, bien qu'ils prissent le titre de Hassaniyn, se voyaient contester la qualité de chorfa, par les marabouts du Tazéroualt. Le petit-fils de Sidi Ahmed ou Moussa, Ali ben Mohammed, qui s'était d'abord employé au service du sultan, Mouley Zidan, profita de la décadence de la famille régnante pour se créer un royaume temporel. Toutes les tribus du Sous avaient rejeté l'autorité de Mouley Zidan. Groupant autour de lui tous les Berbères Guezoula, Ali ben Mohammed, plus connu pendant cette période sous le nom d'Ali bou Hassoun ou de Ali bou Dmeïa, s'empara de Taroudant et des districts avoisinants. Il en fut chassé par un autre marabout, Abou Takaria ben Abdallah; mais à la mort de celui-ci, parvint à se rendre maître du Sous. S'attaquant ensuite au Drâa, il s'en empara ainsi que de la plupart des ksour du Tafilelt.

C'est à ce moment que les chorfa Alaouiyn du Tafilelt commencèrent à jouer un rôle dans les troubles dont le Maroc était le théâtre. Mouley Chérif, le premier de leur dynastie, réussit à réunir autour de lui la plupart des habitants du pays, qu'inquiétaient les progrès de la zaouiya des Dilaiyn, dans le grand Atlas, dont les chefs avaient conquis Fès sur le fils de Mouley Zidan. Mouley Chérif et Ali bou Hassoun s'allièrent d'abord ; mais sur les instances du chef des Dilaiyn Mohammed el Hadj, l'héritier de Sidi Ahmed ou Moussa, se retira, au moment de faire le siège du ksar de Tabouasant, resté fidèle au parti Dilaï. Mouley Chérif s'en étant emparé par surprise, Ali bou Hassoun revint en hâte, mais pour faire prisonnier son aucien allié qu'il emmena au Sous. C'est pendant sa captivité que ce dernier eut d'une esclave des Moafera, son fils Mouley Ismaïl, qui devait devenir le plus illustre des sultans de la dynastie actuelle.

Ali bou Hassoun possédait alors, outre le Sous, tous les pays du Drâa et l'Oued-Noun, au sud ; les provinces de Haha, Chiadma et Abda au nord. Il avait entrepris de grands travaux, développé le commerce par terre en envoyant de nombreuses caravanes au Soudan et créé plusieurs ports actifs sur la côte des Aït Bâ Amran. Mais de son vivant même, il se vit enlever le Drâa par Mouley Mohammed, fils et successeur de Mouley Chérif; à sa mort en 1660, il ne commandait plus que le Sous et l'Oued-Noun.

A Mouley Mohammed succéda son frère Mouley Rachid, qui, continuant son œuvre, entreprit en 1671 une expédition victorieuse contre le Sous. Il en chassa les Oulad Sidi Ahmed ou Moussa et, après avoir dispersé les Chtouka, leurs partisans, saccagé tout le Sahel jusqu'à l'Oued-Noun, il vint mettre le siège devant Iligh, dernier refuge d'Ali bou Hassoun. Toutes les tentatives contre cette place échouèrent, mais la plupart de ses défenseurs périrent dans des sorties répétées, et le sultan put du moins détruire à son retour Yala, forteresse connue sous le nom d'Abou Dmeïa, où Ali avait renfermé tous ses trésors.

Sous Mouley Ismaïl, frère et successeur de Mouley

Rachid, le Tazéroualt, incapable de résister plus longtemps
cessa d'être indépendant et ses chefs devinrent bon gré
mal gré les agents du Maghzen. De leur royauté éphémère
il ne leur resta que le souvenir et le prestige religieux de
leur origine.

Jusqu'à la fin du xviii° siècle, quoique bientôt redevenu
indépendant, le Tazéroualt ne joua plus aucun rôle dans
l'histoire du Maroc. Tout en comptant dans les tribus voisines de nombreux serviteurs religieux et des partisans
politiques à leur entière dévotion, les Oulad Sidi Ahmed
ou Moussa se contentèrent du rôle de maîtres révérés
d'une puissante zaouiya. Mais, sous le règne de Mouley
Soliman, Sidi Hécham, chef de la famille, réussit à se créer
un petit État connu sous son nom dans la géographie moderne et qui des limites du Sous s'étendait jusqu'à l'Oued
Noun. En 1810, son autorité s'étendait, d'après Sidi Brahim,
de Massat, aux tribus des Imejjat de Tazlim ; Aït Ouankhi-
dha ; Ida ou Bâqîl ; Ida Gar Semoukt ou Ersmouka ; Aït
Brahim (Ida ou Brahim) ; Aït Abdallah ; Aït Rekk ; Ida Oultit ;
et Ida ou Semlal ; aux dchour du Mâader, et aux ksour
d'Ouedjan et d'Ifran.

Il avait bâti une kasbah à Talent, un agadir imprenable
au-dessus d'Ilîgh, et maître d'une petite armée, s'appuyant
sur une population absolument dévouée, il put braver im-
punément le souverain du pays.

Son fils, Sidi el Haoussin, hérita de son pouvoir, encore
intact. Mais, peu à peu, le zèle politique des tribus de son
parti, situées en dehors du Tazéroualt, se relàcha, et
lorsque vers la fin de sa vie en 1882, il se trouva sous le
coup d'une invasion de l'armée de Mouley Hassen, force
lui fut de se rendre compte que la résistance n'était plus
possible.

Sous le règne précédent, il avait pu répondre dédaigneusement à celui-ci qui, chargé par son père de faire rentrer dans le devoir les tribus du Sous, avait cherché à traiter aussi avec le Tazéroualt.

Mais, en 1882, Sidi el Haoussin devait tenir compte des défections qui s'étaient produites, de ruptures avec les anciens défenseurs de sa maison. Les Ida ou Brahim, aidés par les Ida ou Bâqîl, les Ersmouka révoltés contre le chef politique qu'ils reconnaissaient cependant comme maître spirituel, avaient envahi le Tazéroualt proprement dit et menacé Ilîgh. Sidi el Haoussin, se sentant incapable de résister aux tentatives de Moussey Hassen qu'il prévoyait dès lors, avait, à l'exemple du cheikh de l'Oued-Noun, Beï-rouk, sollicité le protectorat français. Ses démarches étant restées infructueuses, il se décida, lorsque la colonne de Mouley Hassen quitta le Sous, à s'enfermer dans son agadir. Là, à l'abri de murailles solides, dans une position inaccessible, il refusa de se rendre au camp du sultan comme il en était sollicité, et se borna à lui envoyer son fils Sidi Mohammed, pour faire en son nom acte d'obéissance. Ni les promesses ni les menaces ne purent triompher de son obstination, et après lui avoir dépêché en vain son premier ministre, Bâ Ahmed ou Moussa, Mouley Hassen dût se contenter de cette preuve de déférence, accentuée il est vrai par l'acceptation du titre de caïd du Tazéroualt que Sidi Mohammed rapportait au nom de son père.

Bien qu'elles eussent abandonné la cause de leur ancien chef, la plupart des tribus ressentirent une vive émotion de cet acte de condescendance, qui impliquait des menaces graves pour leur propre indépendance. A peine l'armée chérifienne avait-elle quitté le pays, que rendant Sidi el Haoussin responsable de la situation qu'elles avaient provoquée, elles s'en prirent directement à lui.

Excités en sous-main par le caïd de Tiznit, agent politique du sultan, appuyés par tout le groupe des Ida Oultit, Ida ou Bâqil, des Ersmouka, les Ida ou Brahim et les Imejjat, vinrent mettre le siège devant Ilîgh, et Sidi el Haoussin dut se réfugier une seconde fois dans son agadir. Soudoyés à prix d'argent, les Arabes de l'Oued Noun vinrent à son secours, pendant que ceux du Drâa, les Aït ou Mribet et leur lef attaquaient à revers les Imejjat et les Ida ou Brahim. Ce n'en était pas moins fait de l'autorité politique des Oulad Sidi Ahmed ou Moussa, et à sa mort, en 1885, Sidi el Haoussin ne laissa que le Tazéroualt proprement dit à son fils Sidi Mohammed.

Celui-ci avait accompagné le sultan à Marokesch et en avait reçu les témoignages répétés de faveur, que Mouley Hassen prodigue à tous les chefs des grandes familles religieuses qu'il réussit à attirer près de lui, en attendant le moment favorable pour les détruire. Son père mort, il le remplaça comme chef de la zaouiya et devint, au sens propre du mot, caïd du Maghzen. Mais, malgré l'appui momentané prêté à son autorité par la seconde expédition du Sous en 1886, Sidi Mohammed n'a cessé d'avoir à lutter contre les mêmes difficultés intérieures que Sidi el Haoussin. A deux reprises différentes, les tribus autrefois soumises à ses ancêtres, et qui comptent encore dans sa clientèle religieuse, ont attaqué le Tazéroualt. Sentant, d'autre part, les dangers dont le menaçait la politique du sultan, il a cherché de nouveau un appui de notre côté, et, à la fin de 1889, demandé comme son père, la protection française sans l'obtenir.

Situation politique. — L'exposé historique qui précède dispense d'insister longuement sur la situation politique du Tazéroualt. Tout entier dans la dépendance religieuse des Oulad Sidi Ahmed ou Moussa, ainsi que les

tribus voisines, où les Rhedem de la zaouiya d'Illigh sont
en majorité du Sous au Drâa, il constitue aussi l'apanage
héréditaire de cette famille. A deux reprises, ses chefs ont
possédé de véritables États qui se sont, au xvii° siècle,
étendus jusqu'à Marokesch. Aujourd'hui, le chef du Tazéroualt n'est plus seulement le maître héréditaire du domaine familial, restreint par les événements à des limites
exiguës; il est aussi caïd marocain. Il a perdu son indépendance politique. Cependant, au Tazéroualt même et sur
deux ou trois tribus voisines, son autorité est encore presque
absolue, sous réserve de l'opposition des clans locaux. Il
perçoit pour son propre compte l'impôt du Tazéroualt, et
ne paye au sultan qu'une redevance irrégulière. Seul, il
assure la police des routes et gouverne à sa guise ses derniers partisans. Mais son ascendant est surtout spirituel.
Il le doit à sa qualité de chérif Idrissi, à la vénération qui
s'attache au nom de Sidi Ahmed ou Moussa, à la *baraka*
dont il est investi par descendance.

Les offrandes affluent encore à la zaouiya d'Illigh et les
trois moussem annuels de la zaouiya de Sidi Ahmed, con-
tribuent à maintenir au point où elle se trouve l'influence
de son chef.

Lors de ces moussem, grandes fêtes patronales du pays
en l'honneur du saint, il se tient à Illigh une foire que fré-
quent les tribus de Marokesch à Tindouf. Grâce aux me-
sures prises par Sidi Hécham, qui avait établi le principe
du remboursement aux voyageurs pillés pendant la route,
de toutes les marchandises volées, par les tribus accusées
du vol, et qui faisait exécuter les remboursements en arrê-
tant sur le marché les caravanes de ces tribus, quelles
qu'elles fussent, le mouvement des échanges est resté
considérable aux trois foires. Outre les bénéfices qu'il
retire de l'afflux des étrangers pour la perception des ziara

le chef du Tazéroualt conserve ainsi des relations étendues et qui, fût-ce au point de vue politique, ne laissent pas que d'être profitables.

Fractionnement. — Le Tazéroualt proprement dit est divisé en deux districts, ceux d'Iligh et des Ida ou Semlal, outre un certain nombre de fractions de tribus étrangères, émigrées dans le pays.

Chaque district comprend de nombreuses sous-fractions représentées par les dchour, centres de groupement des clans, qui sont échelonnés le long des vallées, dispersés sur les hauteurs, ou forment parfois de véritables ksour autour des agadir.

1° *Iligh.*

Iligh, grand ksar sur un plateau de 500 mètres, entouré par un cercle de montagnes. Il est habité par une population mélangée où, à côté d'une majorité de Berbères, on trouve quelques Arabes et de nombreux nègres, anciens esclaves et soldats des Oulad Sidi Ahmed ou Moussa. Les chorfa Semlala de cette famille y forment aussi un groupe important. Parmi les principaux clans du ksar même, se trouvent les suivants :

Tagojgalt,	Id bou Hammou,
Aït Immi el Tnin,	Aït Oufella,
Aït Timez guida ou Cheikh,	Timelalin.
Aït Imin Terga,	

C'est à Iligh que réside habituellement le chef du Tazéroualt, dans une kasbah bâtie par Ali bou Dmeïa. Outre cette forteresse, Sidi Mohammed en possède une autre au sommet d'un piton dans la montagne, agadir n Tasekka, défendue par une petite garnison d'esclaves et armée de canons. Avec les dchour qui en dépendent, Ilîgh compte 2,500 fusils et 100 chevaux.

Zaouiya. — Grand ksar autour du tombeau de Sidi Ahmed ou Moussa, avec une importante medersa. Là, se tient un des moussem annuels, le plus important.

Mélangée comme celle d'Ilîgh, la population se fractionne en

Ida ou Othman,	Id Sidi Bekrim ou Salah,
Id Sidi Brahim ou Salah,	Id Sidi Salah ou Ali,
Aït Lallah Chafia,	Id Sidi Barka,
Id Sidi Ali ou Haddi,	Aït Sidi el Hadj.

La zaouiya est située à quelques kilomètres nord d'Ilîgh, sur la route du Sous. Plantation de palmiers importante. (800 *fusils*; 25 *chevaux*.)

Tagarazt. — Dchar de chorfa Semlala ayant pour chef actuel Sid el Bachir. (250 *fusils*.)

El Kasbah. — Kasbah isolée des Oulad Sidi Ahmed ou Moussa, dans la montagne. Chef actuel Sidi Ahmed ou Bellah. (300 *fusils*; 20 *chevaux*.)

Tachtakt. — Ksar et dchour de chorfa Semlala, ayant pour chef Sidi Othman, fils du précédent. (500 *fusils*; 20 *chevaux*.)

Aïn-Tholler. — Habité par des marabouts d'Ogdal descendants d'un *feki* de Sidi Ahmed ou Moussa et *meharrin* à ce titre. (400 *fusils*.)

Toumanar. — Chorfa Semlala, ayant pour chef Sidi Brahim ou Salah. (1,200 *fusils*; 50 *cheveaux*.)

Ighermelloul. — Fraction de Chleuh non chorfa. (800 *fusils*.)

Tanoust. — Marabouts des Oulad Ahmed Sograti. (500 *fusils*.)

Amtodi. — Marabouts considérés comme zaouiya et meharrin à ce titre. (400 *fusils*.)

Sur leur territoire se trouvent à Guedrou le groupe le plus important d'habitations troglodytiques du pays. Il avait été occupé, jusqu'à une époque rapprochée, par une tribu chrétienne.

Aït Isaffen. — Une petite fraction de cette tribu de l'Azarar est fixée dans le district d'Iligh, au djebel Taferdit, que domine la zaouiya dite Dar ech Cheikh. (100 *fusils*.)

Ida ou Goguemar. — Fraction issue des précédents et cantonnée dans la montagne, sur l'oued de la zaouiya vers sa partie supérieure avec les ksour de Kerdous,

Afella ou Asif, | Tinghellet (300 *fusils*).

Enfin, il convient d'ajouter à cette énumération quelques ksour isolés qui s'échelonnent sur l'oued de la zaouiya vers l'amont. Ce sont, au-dessus des Ida ou Goguemar : Imechgaren.

Audessous :

Oued en Nekhal, | Touanaman, | Tislit.

Ensemble, ils comptent 300 fusils et 25 chevaux.

Les effectifs totaux du district d'Iltgh s'élèvent ainsi à environ 8,000 fusils et 200 chevaux. C'est lui qui constitue l'apanage proprement dit du chef de la famille de Sidi Ahmed ou Moussa. Mais il s'en faut de beaucoup que tous les clans collatéraux qui en sont issus lui obéissent exclusivement, bien qu'ils ne contestent pas ses droits de suzeraineté et sa suprématie religieuse.

En fait Sidi Mohammed ne peut guère disposer personnellement que de 2,500 à 3,000 fusils, en admettant qu'en cas de guerre, tous les hommes en état de porter les armes répondent à son appel, ce qui ne se produit jamais.

2° *Ida ou Semlal.*

Les Ida ou Semlal formaient une grande confédération comme les Aït Bâ Amran. Ils sont aujourd'hui divisés en plusieurs tribus isolées qui toutes reconnaissent l'autorité des Oulad Sidi Ahmed ou Moussa. Telles sont, en dehors du Tazéroualt proprement dit, les Amanous et les Aït Ouefka, cantonnées sur l'oued Saïad supérieur.

On peut considérer comme dépendant, au contraire, du Tazéroualt, au point de vue géographique, les Ida ou Semlal proprement dits, qui occupent le massif montagneux, escarpé, au pied duquel coule l'oued Tazéroualt dans son cours moyen, sous le nom d'oued Ida ou Semlal. La vallée même de l'oued forme un cirque, accessible seulement à ses deux extrémités par d'étroits défilés. C'est là que se trouvent les principales terres de culture de la tribu, dont les dchour s'étagent dans la montagne.

Ces Ida ou Semlal sont souvent désignés sous le nom d'une de leurs principales fractions, les Aït Arous. Ils reconnaissent tous l'autorité d'un cheikh héréditaire, de cette fraction, et qui dépend lui-même des Oulad Sidi Ahmed ou Moussa d'Iligh.

Après les Aït Arous, la principale fraction des Ida ou Semlal du Tazéroualt est celle des Aït Tkhefist, qui occupent le massif montagneux compris entre Iligh et les hauts plateaux des Imejjat. Les Aït Arous et Aït Tkhefist ont à peu près la même force. Ils compteraient les uns et les autres environ 2,500 fusils.

Aux Ida ou Semlal se rattachent encore quelques autres clans, qui habitent le même territoire.

Aït Abbès, avec Ighal n Aït Abbès. (1,500 *fusils.*)

Tâala, ancienne tribu juive convertie. (1,000 *fusils.*)

Tafgaret, ksar. (100 *fusils.*)

Aguenou ou Mahal. (250 *fusils.*)

Azour l'Illi, petite tribu. (600 *fusils.*)

Enfin il existe parmi eux une fraction des Aït Ouefka de l'Est, au nombre de 300 fusils.

Au total, les effectifs des Ida ou Semlal du Tazéroualt s'élèveraient à environ 8,500 fusils avec un très petit nombre de chevaux.

Outre ces éléments constitutifs de sa population, le Tazéroualt en compte d'autres, d'origines diverses. On peut les rattacher à deux groupes, dont l'un, composé de descendants des khammès des Oulad Sidi Ahmed ou Moussa et de marabouts ou chorfa étrangers, occupe la lisière de l'Azarar et y forme une petite enclave. Ses membres sont en majeure partie vassaux directs des chefs du Tazéroualt. L'autre est formée de clients arabes des Oulad Sidi Ahmed ou Moussa, appelés par eux, ou réfugiés dans le pays où ils sont dispersés.

1° *Khammès et marabouts.*

Le centre politique de ce groupe est dans l'Azarar même

du Mâader, ancien *azib* de Ali bou Dmeïa, où se sont créés plusieurs dchour. Les Aït el Mâader comprennent des chorfa Semlala et des Chleuh Guezoula, qui reconnaissent plus particulièrement pour chef Sidi Abdallah, frère de Sidi el Haoussin. Mais ils ont en même temps une djemâa de soixante inefless. C'est d'ailleurs à la mosquée de Mâader même que s'attache le privilège du pouvoir. N'importe qui peut écouter les plaignants qui s'y rendent et juger leurs différends. Le fait d'être assis à la porte du sanctuaire confère les droits de membre de la djemâa, justifie l'imposition et la perception des amendes.

Les Aït el Mâader comptent environ 600 fusils et 50 chevaux.

Toutes les autres fractions du groupe subissent l'ascendant politique des chorfa Semlala de Mâader. Ce sont les suivants :

Grarta. — Khammès chleuh. (200 *fusils*.)

El Mers. — Khammès arabes des Abda. (200 *fusils et* 2 *chevaux*.)

Anouïzem. — Khammès chleuh. (100 *fusils*.)

Ogdal ou Merzgoum. — Khammès chleuh. (100 *fusils*.)

Djouaber. — Chorfa et Chleuh émigrés de la fraction du même nom de Massa. (150 *fusils*.)

Ifentari. — Chleuh originaires de la fraction du même nom de Massa. Mouley Hassen, avait établi à Ifentari, en 1882, un caïd chargé de commander toute la région qu'il a fait arrêter ensuite et emprisonner à Meknès (100 *fusils*).

Tachennoult. — Chorfa Semlala et Chleuh, ayant pour

chef local héréditaire, Ahmed ben el Hadj Brahim (500 *fusils*).

Ogdal Sidi Ali Nour. — Zaouiya de marabouts non chorfa (100 *fusils.*)

Enfin, à ce groupe se rattache une petite tribu semi no-made, les Oulad Noummer, chorfa arabes des Oulad Bou Sebah de l'Oued-Tensift, qui très batailleurs et en posses-sion de brefs des dix-huit derniers sultans, par lesquels ils ont été reconnus meharrin, rejettent toute autorité. (500 *fusils* ; 100 *chevaux.*)

L'ensemble du groupe, dont les Aït el Mâader repré-sentent l'élément dominant, comprend environ 2,500 fu-sils et 200 chevaux.

2° *Tribus arabes.*

Les Arabes du Tazéroualt sont dispersés dans tout le dis-trict et dans les tribus voisines. Ils ont conservé leurs habi-tudes nomades. Plusieurs tribus de provenances diverses sont représentées dans la région, savoir :

Ida ou Sellam. — Tribu primitivement établie sur l'oued Drâa, dans le territoire actuel des Aït ou Mribet qui, chassés du Touat par les Sanhadja, les refoulèrent devant eux. Les Ida ou Sellam émigrèrent alors à Taghouni, dans le pays d'Ifran, puis chez les Akhsas et notamment chez les Aït Abdallah de cette tribu. Actuellement, ils vivent dispersés chez les Akhsas, les Ida ou Brahim, les Imejjat, et à la lisière d'Ifran, dans le djebel Ignan, où ils se battent sou-vent avec les gens de ce pays restés leurs ennemis. Tous se rendent isolément au Tazéroualt où ils passent une partie de l'année. Ils comptent en tout 400 tentes, repré-

sentant 600 fusils et 50 chevaux, répartis en quatre fractions :

Oulad Zemmour,	Oulad Simmouch,
Oulad Tikiout,	Izroumilen.

Très batailleurs, ils n'ont pas de caïds et ne reconnaissent pas de kebar. Ils sont Rhedem de toutes les zaouiya
où ils s'arrêtent, mais surtout des Oulad Sidi Ahmeb ou
Moussa, auxquels ils prêtent souvent leur concours.

Taoubalt. — Tribu autrefois réunie en un seul groupe au
sud du Drâa. Chassés par les Oulad Delim et les Aït Oussa,
les Taoubalt sont aujourd'hui dispersés dans la région du
Tazéroualt, où ils comptent 200 tentes. Ils en ont en outre
50 chez les Oulad Bou Sebah; 20 chez les Oulad Yahia;
15 chez les Akhsas; 40 à Tarkouz dans le pays de Tindouf;
25 dans le Haha; 20 chez les Abda.

Tous sont nomades et se déplacent fréquemment.

L'appoint de forces qu'ils fournissent au Tazéroualt peut
être évalué à 350 fusils et 50 chevaux.

Aroussiyn. — Tribu maraboutique, de la descendance
de Sidi Mohammed el Aroussi de Seguiet-el-Hamra. Chassés de leur pays ils se sont dispersés de différents côtés et
comptent 150 tentes à l'Oued-Noun (Tagant et Sahara);
6 tentes à Zaouiyat Adda, chez les Aït Oussa; 16 tentes
chez les Id Goumich des Aït ou Mribet; 5 chez les Aït Tane-
ghight; 5 chez les Aït en Nous.

Au Tazéroualt même, ils sont représentés par 100 tentes
fixées dans le voisinage d'Iligh et qui forment la clientèle
directe des Oulad Sidi Ahmed ou Moussa; 16 tentes chez
les Ida ou Brahim à Tajarift, et 6 tentes chez les Akhsas de
Nukert. Leurs forces au Tazéroualt sont de 200 fusils et
50 chevaux.

Oulad Bou Sebah. — 50 tentes (75 *fusils*, 10 *chevaux*) sont fixées également au Tazéroualt et 7 dans le voisinage chez les Ida ou Bâqtl.

Enfin, on trouve chez les Ida ou Brahim 16 tentes, et chez les Akhsas, 20 tentes des Aït Yacin de l'Oued-Noun, soit pour ce groupe 75 fusils, qui sont une partie de l'année au Tazéroualt.

En tenant compte de tous ces éléments, les forces totales du Tazéroualt s'élèveraient à environ 20,000 fusils et 500 chevaux.

BASSIN DE L'OUED OULGHASS

IDA OULTIT

Territoire. — La vallée de l'oued Oulghass, au-dessus de son confluent avec l'oued Tazeroualt, près duquel sont cantonnées une tribu de l'Azarar et une fraction des Chtouka, les Aït Oulghass, appartient, jusqu'à son cours supérieur, à l'ancienne confédération des Ida Oultit, qui en occupent les deux rives ainsi que les affluents latéraux jusqu'aux plateaux formant la ligne de partage des eaux avec le Sous et le Tazéroualt. Au nord, les Ida Oultit ont pour voisins dans ces hauteurs les Ida ou Guenidif; au sud, ils confinent au Tazéroualt.

Origines. — Les Ida Oultit passent pour appartenir originairement aux Guezoula, bien qu'ils comptent actuellement dans le lef Tahoggat. Leur histoire se confond avec celle du Sous et du Tazéroualt, sans faits saillants, retenus par les écrivains du pays, comme c'est le cas de la plupart des Chleuh montagnards. A l'époque moderne cependant, les Ida Oultit se distinguent par une animosité très vive contre les Oulad Sidi Ahmed ou Moussa. Une de leurs fractions notamment, les Ida ou Bâqtl, est sans cesse en lutte contre ceux-ci depuis quelques années. Déjà, unie aux Imejjat, elle avait assiégé Sid el Haoussin dans Iltgh. En 1887, ses contingents attaquèrent encore Sidi Mohammed avec les mêmes alliés et ne battirent en retraite qu'à l'arrivée des Arabes de l'Oued-Noun après avoir laissé cent soixante des leurs sur le terrain.

Situation politique. — Les Ida Oultit sont pour la plupart restés indépendants du Maghzen. Seuls, les Ida ou Bâqîl et les Ida ou Garsmousk, avaient accepté des caïds en 1882. Mais ceux-ci n'eurent jamais aucune autorité.

Une partie des Ida Oultit ont conservé le système d'organisation intérieure propre au lef Taoggat. Ils ont le fractionnement de la tribu par *esdess* ou dixièmes. Chacun des six iedd, ou afouss, se subdivise lui-même en *takatin* ou *canouns* de second degré par fractionnement sexennaire. Deux inefless par afouss représentent le pouvoir central.

Les autres Ida Oultit, chez lesquels l'élement Guezoula dominait, ont le fractionnement par quatre, avec deux ineffess et un amghâr annuel par iedd, dans une tribu; dix inefless sans amghâr dans une autre.

Ces amghâr, qui changent d'année en année, ne sont autres, à proprement parler, que des *cheikh el âm*, comme ceux du Drâa et des Beraber.

Sauf lors des expéditions du sultan, les Ida Oultit ne payent pas d'impôts et même alors ne payent qu'un léger tribut. Ils se contentent de verser un âchour pour l'entretien de leurs medersa. Aucune influence religieuse extérieure ne paraît s'être répandue chez eux, sauf chez les Ida ou Bâqîl, qui, quoique ennemis politiques des Oulad Sidi Ahmed ou Moussa, leur envoyent quelques ziara.

Fractionnement. — Quoique la confédération des Ida Oultit ait existé sous ce nom, il n'est plus employé qu'exceptionnellement, et seulement pour désigner le pays.

Les tribus qui en sont issues sont elles-mêmes ennemies les unes des autres, et sans relations politiques. En raison d'un fractionnement très variable, de modifications incessantes au groupement des clans, suivant l'état de guerre ou de paix, il s'est produit une certaine confusion dans la nomenclature de ces tribus, confusion qui a fait donner des noms tel que Toudma, Gossim, etc., à des groupes de population.

Sans attribuer une valeur absolue à une classification plus serrée, il semble cependant qu'on puisse considérer les Ida Oultit comme représentés actuellement par trois tribus principales auxquelles se rattachent les clans secondaires. Ce sont en remontant l'oued Oulghass les suivants :

Ida ou Garsmouk, | Ida ou Bàqtl, | Aït Ahmed.

1° *Ida ou Garsmouk.*

Les Ida ou Garsmouk, connus en pays arabe sous le nom de Ersmouka et auxquels on a appliqué la désignation de Id Iaggou, occupent les plateaux situés sur la rive gauche de l'oued Oulghass, et la vallée de l'oued au-dessus de l'Azarar et des Chtouka. Mais quelques-uns de leurs clans débordent dans l'Azarar, vers le Maâder, où ils ont des terres de culture et conservent des relations amicales.

Sur leur territoire même, ils n'ont pas de ksour, mais des dchour avec agadir.

Leur principal centre est le dchar de Douadrar n Garsmouk où se trouve leur medersa.

Les Ida ou Garsmouk forment quatre fractions à la tête de chacune desquelles se trouve un amghar qui change d'année en année et deux inefless. Le nom du clan dominant sert à désigner la fraction, si besoin est. Mais en général les désignations du clan auquel correspond le dchar et de la tribu sont seules usitées.

Sous cette réserve et en tenant compte de l'indication qui précède, les fractions sont les suivantes :

Aït Mejjout, à Inebder.
Aït Ousaki Mkoren, de Imin n Terga Idelen.
Aït Tighmout, de Bou Ilgoumaden.
Aït el Betaniat, de Aïne-el-Harigat.

Le territoire des Ida ou Garsmouk, naturellement pauvre, a été ruiné dans ces derniers temps par divers fléaux. Beaucoup d'habitants ne trouvant pas à se nourrir dans leur pays l'ont quitté. La population est ainsi très inférieure à ce qu'elle était autrefois. On n'évalue qu'à 1,500 le chiffre de ses fusils, une partie des armes ayant été vendues, bien que le nombre des hommes soit beaucoup plus élevé.

2° *Ida ou Bâqil.*

Le territoire des Ida ou Bâqil n'est séparé de celui du Tazéroualt que par une petite koudiya. Il comprend cinq vallées, dominées par des plateaux accidentés ; celles de :

Oued Ouijjen,   Oued Aguem,
Oued Assaka,   Oued Immi n Tirmi.
Oued Imejgaren,

Les Ida ou Bâqil ont été une des plus puissantes tribus de la région. D'après Marmol, ils pouvaient mettre sur pied de son temps vingt mille combattants. On les considérait dès lors comme une peuplade sauvage, qui s'isolait dans son territoire avec un esprit d'indépendance farouche. C'est autant à leur ancienne puissance qu'à ces instincts, qu'ils doivent d'avoir conservé dans toute sa pureté le régime des institutions communales du lef Tahoggat.

Ils comptent six fractions subdivisées elles-mêmes par six :

1° Sidous, sur l'oued Ouijjen, avec le ksar de ce nom, le plus important de la tribu, et réputé dans le pays comme siège d'une zaouiya de Sidi Ahmed ou Moussa.

2° D'dou ou Drer, sur l'oued Assaka, avec le ksar de ce nom, résidence d'un des caïds que le sultan avait essayé de leur donner en 1882.

3° Iggui ou Asif, ksar à Taghezout.

4° Immi Ousaka.

Clans principaux
{ Aït Taamnout,
Aït Oufella Ouzour,
Aït ou Doudou d'Médin,
Aït el Medersa.

5° Tiouadou.

Clans principaux
{ Aït Khdeidja,
Id Barka ou Hammou.

6° Immi n Tirmi, sur l'oued de ce nom, avec les clans de Izalimin, Aït Cheikh, Aït Afella n Takatin.

Lors de la division faite par Mouley Hassen, ces six fractions avaient été réparties en deux groupes : Izilelen et Aït Amar. Mais les caïds, d'ailleurs mal ensemble, et qui en sont venus plusieurs fois aux prises avec leurs partisans, ne comptent pas dans les affaires intérieures de la tribu quoiqu'elle soit du lef de Tiznit, en opposition au Tazéroualt, les Izelelen surtout, dont les contingents ont concouru à la lutte contre les gens d'El-Aouina.

Comme toutes les tribus berbères dont l'organisation intérieure est restée intacte, les Ida ou Bàqîl ont des contingents de guerre fixes. Chaque fraction doit fournir 600 fusils. Mais le chiffre total des hommes en état de porter les armes est probablement supérieur à 3,600 car les Ida ou Bâqîl sont actuellement très pauvres comme leurs voisins, les Ida ou Garsmouk. On peut l'évaluer à 5,000.

Bien qu'en lutte avec le Tazéroualt les Ida ou Bâqîl vont en ziara à la zaouiya de Sidi Ahmed ou Moussa. Ils ont un moussem chez eux à Ouezzan. On peut donc les considérer comme subissant l'influence de cette école, au point de vue religieux. Mais en même temps ils ont de nombreux Nasseriyn et quelques zaouiya de cette confrérie. Enfin ils reconnaissent plus particulièrement comme patron Sidi Ahmed Abâqîl, chérif Semlali qui s'était fixé chez eux. Leur attitude politique ne semble, au reste, déterminée en aucun cas par leurs préférences dogmatiques.

3o *Aït Ahmed.*

Les Aït Ahmed, qu'on appelle aussi Aït Hamd, occupent le massif montagneux du haut Oulghass avec quelques affluents de ce cours d'eau : oued Talit Organ ; oued Tnin Mirgoumi ; oued Djorf ; oued el Arbera n Aït Ahmed.

Leur montagne inaccessible, les isole complètement des tribus voisines, et, sauf les Ida ou Bâqîl, leurs alliés, ils n'ont de relations avec aucune.

Ce sont, au sens particulier du terme, des Ibou Idraren, des montagnards sauvages et indépendants. Ils n'ont ni caïd, ni amghâr. Toute l'autorité est exercée par les inefless au nombre de dix pour chacune des quatre fractions.

Aucune influence spirituelle extérieure ne s'exerce dans la tribu, dont le mouvement religieux est concentré à la medersa qu'elle possède à Tasilat.

Les Aït Ahmed ont quelques petits ksour :

Sur l'oued Oulghass : Tagerout, Djorf au confluent de l'oued de ce nom ;
Sur l'oued Timin Mirgoumi : Daimiat ;
Sur l'oued Djorf : Bou Adou.

Les fractions, au nombre de quatre, sont les suivantes :

Aït Ilougan,
Aït Igouramen n Talet,

Aït Djerifia,
Aït Haddou el Hassen.

Chacune doit en cas de guerre fournir 900 fusils. La tribu en compterait tout entière 3,600, ce qui semble le maximum de l'effort dont elle serait susceptible.

CEINTURE NORD
DU BASSIN DE L'OUED OULGHAS

IDA OU GUENIDIF

Territoire. — Au nord de l'oued Oulghass, les hau -
teurs qui le séparent du Sous s'abaissent assez rapidement
vers l'ouest. Les derniers hauts plateaux sont occupés par
les Ida ou Guenidif dont le territoire est arrosé par l'oued
Smougen, l'oued Ist et l'oued Timmekkit ou Anziden. Ce
dernier coule vers le sud et, en se réunissant à l'oued Aït
Abdallah pour former l'oued Iguenan, va se jeter dans le
Tamanart.

A l'extrémité occidentale de leur territoire, les Ida ou
Guenidif touchent aux Chtouka. De ce côté, une assez
large bande de terrain est inhabitée, à la limite du Sous et
du Tazéroualt. Vers l'est, au contraire, la montagne est
très peuplée.

Origines. — Berbères Guezoula, les Ida ou Guenidif
ont subi le sort commun à toutes les tribus de la région,
aux différentes époques de leur histoire. Tour à tour dépendant du Sous ou du Tazéroualt, puis relevant du Maghzen
ou indépendants, ils ont dû, à la fondation chez eux de la
grande zaouiya de Timmeguilcht par les Nasseriyn du
Drâa, de conserver presque toujours leur autonomie admi-
nistrative.

Situation politique. — Actuellement, on peut considérer les Ida ou Guenidif de l'ouest comme partiellement soumis. Leur territoire étant facilement accessible, ils ont payé un léger impôt en 1882 et 1886. Ceux de l'est, Ibou Idraren, c'est-à-dire montagnards, ne reconnaissent aucun droit au sultan et ne payent aucun impôt, sauf l'âchour de la zaouiya.

L'organisation politique des Ida ou Guenidif est basée sur le dualisme du pouvoir. L'autorité religieuse est, par tradition, entre les mains du chef de la zaouiya et de la famille des Oulad Sidi el Hassen ou Ahmed, par qui celle-ci fut fondée. L'autorité temporelle, émanation de l'autre puissance, est l'apanage des inefless, au nombre de cinq pour chacune des trois fractions de la tribu Mais dans une de ces fractions, on reconnaît comme amghar héréditaire un membre de la famille des Oulad Sidi el Hassen, Sidi Ali ou Mohammed. Dans une autre, celle de la zaouiya, il existe aussi un cheikh héréditaire, Sidi Ali Belkacem, et ce dernier, considéré comme investi des droits temporels des Oulad Sidi el Hassen est, en réalité, le chef de tous les Ida ou Guenidif.

Bien qu'appartenant par leurs origines aux Nasseriyn, les Oulad Sidi el Hassen de Timmeguilcht n'en relèvent plus. Ils ont fait de leur zaouiya un fief indépendant et ne s'occupent d'ailleurs que d'enseignement. C'est à leur medersa que viennent se former tous les *feki* et *tholba* de la montagne, jusque chez les Iberkaken. On y compte souvent, dit-on, plus de sept cents élèves.

Outre les Ida ou Guenidif, et leurs voisins de la montagne, les Oulad Sidi el Hassen ont de nombreux Rhedem chez les Ida ou Bàqîl et les Ida ou Garsmouk; puis, vers le sud, dans le Tamanart, chez les Aït ou Mribet, Ida ou Belah, etc.

Sidi el Hassen, chef de la famille et qui avait redonné une grande importauce à la zaouiya, est mort en 1888. Il a été remplacé par son père Sidi el Hanafi, mais a laissé des enfants dont l'aîné, Sidi Mohammed ou el Hassen, doit succéder à ce dernier. Comme les Oulad Sidi Ahmed ou Moussa, au Tazéroualt, les Oulad Sidi el Hassen ont des esclaves armés, des agadir, toute une organisation défensive.

Fractionnement. — Les Ida ou Guenidif forment trois iedd, troi fractions, auxquelles il faudrait ajouter la zaouiya et un certain nombre de clans indépendants.

La fraction la plus importante, celle que commande Sidi Ali Belgacem, compte outre la famille de celui-ci, deux clans principaux : les Aït Timoula et les Aït Tamesoult.

Dans la fraction de Sidi ou Mohammed on compte les Aït Guedourt, Aït Abdelkader, etc. Enfin, la troisième comprend les Aït Ouakerda, Aït Igmir, Aït Ismougen, etc.

Au point de vue du fractionnement géographique, les Ida ou Guedinif se répartissent, comme c'est le cas chez tous les Berbères des montagnes, par vallées, et on peut remarquer à ce sujet que très souvent les désignations géographiques appliquées collectivement aux habitants d'un même thalweg, ne correspondent pas à la division politique.

Les principaux centres de peuplement (dchour et ksour) sont ainsi pour les différentes vallées :

Oued Agojgal Ilekh : Agojgal, Ouakerda, Iguir.

Oued Ismougen : Timoula, Tamesoult, Agerd, Imlelen.

Oued Isi : Aït Mansour, Aït Sidi Belgacem ou Ali.

Oued Timmekit ou Anziden : Idouhirt, Tagmout, Taourda, Aït Imelalen et Timmeguilcht (zaouiya).

Sur l'oued Aït Abdallah, se trouvent enfin les Aït Abdallah, Aït el Hadj Ali, Aït el Hadj el Hassen, etc., avec les petits ksour de Tizi, Tinouiin, etc.

Ces Aït Abdallah paraissent être les mêmes qui figurent parfois, dans les récits des indigènes du pays, comme une tribu distincte, relevant du Tazéroualt. Ils sont Ida ou Guenidif, mais indépendants de la zaouiya de Timmeguilcht.

On peut évaluer à 3,500 fusils, le chiffre des combattants des Ida ou Guenidif. Le nombre des hommes en état de porter les armes est probablement plus élevé, et celui des fusils mêmes moindre, le pays étant très pauvre. Dans les contingents de la tribu, les Oulad Sidi el Hassen seuls figurent pour 700 fusils; très peu de chevaux : une centaine au plus.

VALLÉE SUPÉRIEURE DE L'OUED OULGHASS

AÏT OUEFKA ET AMANOUZ

Territoire. — La vallée supérieure de l'oued Oulghass et les hauteurs qui forment la ceinture de son bassin
à l'est et au sud sont occupées par le second groupe des Ida
ou Semlal. Deux tribus le représentent : les Aït Ouefka et
les Ida ou Semlal d'Amanouz, plus connus sous ce dernier
nom.

Les Aït Ouefka sont cantonnés dans la vallée même de
l'oued Oulghass et sur ses affluents, tandis que les Amanouz ont pour territoire les hauts plateaux montueux compris entre l'Oulghass et la vallée supérieure de l'oued Saïad
(oued Noun) jusqu'au thalweg.

Tout ce territoire est fort accidenté. Il offre l'aspect d'un
haut plateau dominé par quelques crêtes rocheuses et dont
les flancs montueux sont découpés par des vallées profondes.

Origines et situation politique. — Rien de particulier à dire des origines des Aït Ouefka et Amanouz, dont
l'histoire ne diffère pas des autres Ida ou Semlal et du Tazéroualt. Mais il est à noter que tout en comptant parmi les
Rhedem de la zaouïya de Sidi Ahmed ou Moussa, ils sont
politiquement en mauvais termes avec ses chefs. Les Aït

Ouefka, par exemple, leur donnent cent sacs d'orge chaque
année, mais se considèrent comme quittes de toute autre
obligation. L'influence du Maghzen est également faible
dans les deux tribus, qui conservent leur organisation par-
ticulière, par clans et inefless, bien que Mouley Hassen
leur ait donné des caïds relevant du Tazéroualt.

1° Aït Ouefka.

Fractionnement. — Les Aït Ouefka forment trois
fractions qu'on peut désigner sous le nom des clans les
plus importants :

Id Sidi Bekrim, avec les clans de Tahala, Ammôgh, Toudma, Ismoudel.

Id Bou el Aouila, avec les clans de Aït Souah, Tidili,
Tigmirt, Tahammed, Moudaden.

Aït Oummou Djerid, avec les clans de Aït Gousine, Aït
Tinekht, Id Bou Iziker, Skourimen.

Au point de vue du fractionnement géographique, les
Aït Ouefka sont répartis ainsi qu'il suit :

Oued Ida ou Guegmar : Tulaint (ksar), Tibaharin, Tamej-
gart.

Oued Sonia : Gouijjem, Timoulei, Agadir n Abbès, Amez-
louz.

Oued el Hahel : Amalou, Igouafa, Amerad, Tiigida,
Tersell.

Oued Tamentout : Idikel, Taguensa, Timeknatin, As-
zoujejel, Tiferest, Tizilit.

Oued el Krab : Taguezart, Tiuouna, Tigui n Belgacem,
Agadir n Aït Haddou.

Oued Hammou : Tiferest, Taalilit, Talghenekt, Imeli-
der, Tarrift, Dou Tigoumma.

Les Aït Ouefka comptent 1,200 canoun équivalant aux feux. On peut ainsi évaluer à 2,500 le nombre de leurs hommes en état de porter les armes, en tenant compte de la pauvreté du pays qui en a chassé beaucoup d'habitants, depuis quelques années.

2° *Amanouz*.

Les Ida ou Semlal d'Amanouz sont essentiellement Ibou Idraren. Quoique Guezoula, ils ne comptent pas dans le lef Taguizoult de l'ouest, mais bien dans le lef particulier des montagnards. Leur territoire, contigu à celui des Aït Ouefka, s'étend plus particulièrement sur le versant de l'oued Noun, où il englobe les vallées de l'oued Tiznirt, oued Tighirt, et oued el Lef jusqu'à l'oued Saïad.

Comme c'est généralement le cas sur tout le versant du Drâa, en partie à cause de la situation politique du pays, en partie à cause de sa configuration, les dchour n'existent plus qu'à l'état d'exception et sont remplacés par les ksour. Les territoires inhabités sont en effet nombreux, ce qui facilite des coups de main sur les centres de population. D'autre part, les pentes rocheuses et dénudées des plateaux supérieurs ne se prêtent plus aux cultures. C'est à leur pied seulement que jaillissent les sources et que s'étendent de petites plaines d'alluvions ou des vallées cultivables. Les ksour, situés le plus souvent sur des pitons ou sur des collines isolées, sont placés de manière à assurer aux habitants la possession de l'eau d'irrigation, dont dépend la possession de la terre.

Les principaux ksour d'Amanouz sont :

1° Oued Tiznirt :

Tiimmelt,	Guedourt,
Agadir Mokarem,	Tiferest.
Agadir n Foullant,	

Les deux premiers seuls ont une certaine importance.

2° Oued Tighirt :

Taalilit,	Aït Hammou,
Taserirt,	Ibelas.

3° Oued el Lef :

Tigmi oum ez Zin.	Aït Hammou Ouedil,
Ksar Mejrin,	Agadir et Kram.
El Mouilah,	

La tribu est divisée en trois fractions dont les éléments sont mélangés. Ce sont, en leur appliquant les noms des principaux clans :

Aït Bou el Adam, avec les Aït Bou Dfoust, Aït Sidi Bakrim, etc.

Ilelasen, avec les Aït Tounaouijist, Id Bou Taboudelal, Aït Bou Zid.

Aït Ouammeln, avec Id Bou Djemaa, Id el Bachir, Aït Oudrar, etc.

Les Amanouz, outre la zaouiya de Sidi Ahmed ou Moussa, sont Rhedem d'un chérif kadry, Sidi Abdallah ou Mohammed, regardé comme le patron de la tribu et dont la zaouiya est assez réputée. Ils comptent 236 canouns (fractions de iedd ou clans inférieurs) et peuvent avoir 2,500 combattants, mais très braves et batailleurs.

CEINTURE DE TAZÉROUALT ET OUED SAÏAD

Entre le Tazéroualt et l'oued Saïad, se dressent de hauts plateaux granitiques, qui atteignent de 1,000 à 1,500 mètres de hauteur. Ils sont surmontés par des massifs montagneux dont quelques sommets s'élèvent jusqu'à 2,000 et 2,500 mètres.

Les Amanouz en occupent l'extrémité orientale, vers la tête de l'oued Saïad. Leurs voisins, vers le sud-ouest, sont les Aït Rkha dont l'habitat est limité à la crête des plateaux, sur le versant sud. Ils confinent eux-mêmes vers l'ouest aux Imejjat, cantonnés dans la région montagneuse. Au-dessous de ceux-ci s'échelonnent les ksour d'Ifran, sur trois affluents de l'oued Saïad, puis, plus à l'ouest, les Ida ou Izid. En aval de ceux-ci, la vallée et les pentes qui la dominent immédiatement sont occupées par les Ida ou Brahim.

Aït Rkhd.

Territoire. — Dans le massif montueux qui sépare le bassin supérieur du Tazéroualt de l'oued Saïad. Leur pays, difficilement accessible, offre quelques plateaux cultivables, mais il est, en général, fort accidenté par des ravinements profonds que dominent des soulèvements rocheux.

Origines. — Les Aït Rkhâ forment une petite tribu de Guezoula.

Situation politique. — Leur histoire se confond avec celle des autres tribus du pays.

Rhedem des Oulad Sidi Ahmed ou Moussa, ils n'ont pas cessé d'être dévoués à leur cause; mais, dans les affaires intérieures, quoique rattachés nominalement au caïdat du Tazéroualt, ils n'obéissent qu'à leurs inefless.

Fractionnement. — Les Aït Rkhâ se divisent en trois fractions :

Id Hamed ou Brahim, avec les Aït Takoust et les Id Beidar.
Aït Ouaferella, avec les Aït Igli ou Mazigh, Id Djafar, Id Eït et Talaint Ourkhâ.
Id Ali ou Billah, avec les Aït Agourz, Aït Tamegert Irsen, Id Ouaraman, Tafraout, Tarouilert, etc.

Leur djemâa se compose de trois inefless par fraction, neuf en tout. Ils comptent environ 600 fusils.

Imejjat.

Territoire. — Les Imejjat, Chleuh Guezoula de l'ancienne tribu des Ida Oultit, occupent les montagnes qui dominent le Tazéroualt au sud.

Origines et situation politique. — *Nouaib* de Sidi Ahmed ou Moussa, c'est-à-dire ses Rhedem particuliers, presque ses serfs, ils ont été à ce titre reconnus par Mouley Sliman comme meharrin. Actuellement encore, bien qu'ayant nominalement deux caïds depuis 1882, ils ne doivent de redevance qu'à la zaouiya, et lui fournissent des esclaves, des bestiaux, des grains, du plâtre, etc. Mais ils sont politiquement du lef des Ida ou Brahim et des Ida ou Bâqîl, et hostiles au pouvoir temporel des chefs du Tazéroualt. Avec les Ida ou Bâqîl, ils ont à deux reprises envahi le pays dans les dernières années et notamment assiégé Ilîgh en 1882.

C'est d'ailleurs une tribu batailleuse et pillarde, très redoutée de ses voisins. Les Amanouz ont dû, pour se préserver de leurs incursions, se ranger dans leur clientèle par debiha, en leur sacrifiant.

Les Imejjat habitent en dchour comme les Chleuh montagnards. Leurs deux principaux centres sont Agadir n Tasekka et Djemma n Tighirt.

Fractionnement. — Quatre fractions forment de petites tribus presque indépendantes les unes des autres :

Aït Ali, avec les dchour et clans de

Tagadirt n Douir,	Tajermount,
Aït bou Imrin,	Tifrit.
Aït Izliten,	

Aït Moussa, très divisés et batailleurs. Ils ont deux centres de défense, Agoummad et Akechtine avec les dchour de

Tagadirt bou Setla,	Timoulin,
Agadir n Targant,	Id Meälir.
Tirghit,	

Aït Yacin, avec les dchour de

Aït ben Niran,	Dar el Foukania,
Aït Tadjert,	El Assaib.
Id ou Salah,	

Aït Hemman, avec

| Djemaa Tighirt, | Taffegguait, |
| Lallah Aguida n Tighirt, | Taghoussi. |

Les Imejjat comptent 6,500 fusils, se répartissant ainsi :

| Aït Ali . . . | 2,000 | Aït Yacin . . | 2,500 |
| Aït Moussa. . | 1,000 | Aït Hemman . | 1,000 |

Ifran.

Territoire. — Ifran, dont on a souvent fait un nom
de tribu, est celui d'un district situé au pied des montagnes
des Imejjat et traversé par trois cours d'eau dont un vient
des Aït Rkha et qui se réunissent pour former l'oued Ifran.
Près de leur confluent, et sur le dernier oued, sont groupés
de nombreux ksour dont les plantations, jardins et palmiers s'échelonnent jusqu'à la limite où s'arrêtent les eaux
vives. Au-delà, l'oued Ifran n'est plus qu'un lit desséché
sauf pendant les crues. Les cultures et les ksour sont
dominés presque partout à peu de distance par des croupes
rocheuses, contreforts inférieurs des hauts plateaux qui
barrent presque sur plusieurs points les vallées, et forment
des cirques dans lesquels se développent les plantations.
Sur l'oued Ifran même, celles-ci s'étendent sans interrup-
tion pendant plusieurs kilomètres.

Origines et situation politique. — La population d'Ifran est d'origine diverse, bien que ce nom semble
la rattacher aux Beni Ifren, tribu berbère du groupe des
Zenata. Actuellement on trouve côte à côte, dans le district,
des Chleuh de Ief Taoggat et Taguizoult et des Arabes.

Bien que le pays soit très anciennement peuplé, car du temps d'El Bekri, Ifran, où se trouvait une kasbah importante, jouissait déjà d'une grande réputation comme centre d'études, son histoire ne se distingue pas de celle du Sous et du Tazéroualt. Avant l'époque actuelle, d'ailleurs, c'était surtout par les lettrés formés dans ses écoles qu'Ifran était connu dans le nord. Parmi les plus illustres on peut citer l'auteur du *Nozhet el Hâdi*.

Le caractère distinctif du district au point de vue politique est la division des éléments de sa population qui forme plusieurs partis locaux, inféodés aux tribus du voisinage et hostiles entre eux. La guerre y est presque à l'état permanent, de ksar à ksar. Cependant jusqu'à ces derniers temps, si on excepte quelques zaouiya indépendantes, l'ensemble du pays subissait l'influence dominante du Tazéroualt. Mouley el Hassen y a nommé un caïd qui en dehors de son ksar n'a aucune autorité. L'impôt continue à être versé aux zaouiya.

Fractionnement. — Les ksour d'Ifran se répartissent en quatre groupements principaux :

Tanekest,	Amesra,
Aït Chker,	Igherm-Iguizoulen.

Les noms des trois premiers groupes sont ceux des oued qui forment l'oued Ifran sur lequel est situé le quatrième.

1° *Ksour* de l'Oued-Tamekert
Zaouiya Sidi-Bou-Ilougad.
Zaouiya Sidi-Mohammed-Abharraq.
Zaouiya Tazaggart.

Ces trois zaouiya sont indépendantes.

Tanekert, grand ksar avec *mellah*, du lef des Aït ou Mribel avec les petits centres de :

Timez guida n Djemaa,	Timousen,
Aït Said ou el Hassen,	Taourirt d'Ali Imejjat,
El Aoudat,	Taourirt Izakkaren.

Le district de Tanekert s'étend dans un cirque ouvert sur deux points seulement par des gorges étroites et peu accessibles.

Taskala, ksar des Ida ou Chkra.

Taghouni, ksar des Ida ou Sellam (Amanouz).

2° *Ksour* de l'Oued Ida ou Chkra.

Asaka, ksar principal du lef des Ida ou Brahim comme tous les Ida ou Chkra, et ayant dans sa dépendance : Id Haddou el Hassen et Zaouiya Sidi-Youb.

Arbalou, ksar d'Ida ou Chkra et d'Ida ou Brahim ayant dans sa dépendance : Diouda, Seguia, Aït Elkhamis n Seker.

Talaint ou Rkhâ, lef des Aït Rkha.

Timouleï : lef de Tanekert et des Ida ou Brahim avec Aït Cheikh-Ali et Id Oukaia.

Tiiricht, ksar d'Ida ou Brahim.

Onanzift, ksar d'Aït Djerrar, Arabes d'Ida ou Brahim.

3° *Ksour* de l'Oued-Amesra.

Amesra, ksar du lef Imejjat, avec :

Aït ou Hamed,	Agadir Oumrar,
Aït Tigherdein,	Talamt n Berra.

Tiislen, zaouiya des gens de Tamanart; Agersouak, zaouiya des Nasseriyn Oulad Embarek.

4° *Ksour* de l'Oued-Ifran.

Igherm-Iguizoulen (Ifran), principal ksar du pays formant lef indépendant du parti des Guezoula, avec :

Taourirt,	Aït el Tnin,
Id Messaoud ou Ighem,	Aït Timerar,
Alouss,	Aït Tiricht Ouguellid.

La population totale d'Ifran s'élève à 3,000 hommes environ.

Ida ou Izid.

Les Ida ou Izid habitent le haut plateau entre Tazéroualt et Oued-Saïad, au sud-ouest des Imejjat. Ils n'ont pas d'oued mais seulement des sources autour desquelles sont disséminés les dchour et les agadir.

Peu belliqueux, ils restent cantonnés dans leurs montagnes sans prendre position dans les rivalités des tribus voisines, et après avoir subi la domination du Tazéroualt en sont aujourd'hui indépendants, ainsi que du Maghzen. Ils ont la constitution communale avec conseil d'inefless.

Les Ida ou Izid se divisent en :

Aït Ahmed avec les

Aït Oubella,	Id Chaib,
Aït Tibharin ou Bhara,	Id Sid Hammou.
Aït Takerbourt,	

Aït Adaden Medin avec

Aït el oued,	Aït Djemaran Haddi,
Aït Djourd,	Aït Si Said,
Aït Moussa ou el Hassen,	Aït Ouzroummi.

Aïl Ieddou ou Draren n Ahmed, avec les

Aïl Mouezoun,	Aïl Tizilit,
Aïl Ouguerdirighen,	Aïl Tiefersin,
Aïl Imi el Kheneg n Tagounsa	Aïl el Hadd Agoudid.

Effectifs : 2,500 fusils.

Ida ou Brahim.

Territoire. — Les Ida ou Brahim, puissante tribu berbère de lef Taguizoult, sont en partie nomades, en partie ksouriens. Ils occupent la vallée de l'oued Saïad en aval du pays d'Ifran et débordent vers l'est jusqu'à l'oued Tamanard, vers l'ouest, dans la montagne des Akhsas, jusqu'aux Aïl Ikhelef. Leurs parcours les amènent d'une part sur le territoire des Aïl ou Mribet, de l'autre sur celui de l'Oued-Noun.

Tous leurs ksour sont échelonnés sur l'oued Saïad, dans les parages du ksar de Taghejizt dont il prend le nom et sur deux de ses affluents, l'oued El-Meït et l'oued Tiazziin.

Origines. — Situation politique. — Les Ida ou Brahim ont joué un rôle important dans l'histoire du Tazéroualt, dont ils ont toujours été les adversaires déclarés. Soumis par Sidi Hachem au commencement du siècle, ils sont maintenant indépendants des Ouled Sidi Ahmed ou Moussa comme du reste aussi du Maghzen. Ils ont un amr'ar héréditaire, Sidi Admed ou Hammou el Feki, qui réside à Bou-Mousi. C'est lui qui nomme les inefless, au nombre de trois par *kebila*; ceux-ci sont à proprement parler des cheikh.

Fractionnement. — Les Ida ou Brahim se divisent en quatre tribus.

Aït Tasellemt, avec les

Aït Amechtatel,	Aït Sidi Ahmed ou Ali,
Aït Ikhnoufa,	Aït Ifriguenta,
Aït Droun,	Aït Talemnout.

Id Embarek ou Brahim, avec les

Id ou Katem,	Id ou Belkheir.
Id Tagherjizt,	Aït Outerrou,
Aït Ougdi,	Indaman,
Aït Meïl,	Aït Ioggui.
Aït Akerkour,	

Aït Ouahman, avec les

Id ou Terrou,	Id Sidi Hammou,
Aït Ouaouzougart,	Aïd Anckounimt,
Aït el Kasbat Moussa ou Daoud,	Aït oum ez Zloug,
Asengar ou Bouchir,	Aït Amalou n Douman,
	Tiisogguin.

Aït bou Tegjda, avec les

Aït Timoulei,	Idalen,
Ouanzift,	Aït Haddi ou Hammou,
Talemout,	Aït Bakrim.

Les ksour sont :

1° Sur l'oued Taghejizt, où l'eau n'est pas courante, autour de douze sources :

Taghejizt, grand ksar qui sert de centre aux Ida ou Brahim.

Tagmout, avec une zaouiya importante :

> Kasbah Id Moussa ben Daoud,
> Bou-Moussi,
> Douedrar.

2° Sur l'oued El-Meït (eau vive) :

Tagadirt,	Akerkour,
Tasengard,	Tamegourt ou Mezlour.

3° Sur l'oued Tiazriin (eau vive) :

Khenez bou el Djir,	Aguejdel,
Amechtetel,	Iggui ou Asif.
Asedren lmyi,	

4° Sur l'oued Ifran (pour mémoire) :

Timoulei Izder,	Arbalou,
Timoulei ou Fellah,	Tiiricht.
Ouanzift,	

Les deux centres religieux des Ida ou Brahim sont à Tagmout : Zaouiyat agadir Mokaren des Hallaliyn (Sidi Salah ou Hallali, ouali sans attaches étrangères comme celui de Timmeguilcht et patron de la tribu), puis Zaouiya Sidi Azza ou Heda, à Assa, près du territoire des Aït ou Mribet. Cette dernière zaouiya dépend des Nasseriyn de Tamegrout.

Les Ida ou Brahim comptent 3,200 fusils et 800 chevaux.

Ennemis du Tazéroualt, des Akhsas, des Aït Bou Beker (Aït Bâ Amran), ils sont alliés des Imejjat, de Tamanart et de Tinzert.

OUED-NOUN

Territoire. — Les plateaux, qui, issus de la ceinture méridionale du Sous, forment celle du Tazéroualt, se prolongent vers le sud entre les bassins côtiers et la vallée de l'oued Noun. A sa partie supérieure, celui-ci porte le nom de oued Saïad, puis en traversant le territoire des Ida ou Brahim, il devient l'oued Taghejizt. Encaissé sur sa rive droite par des hauteurs dont les sommets atteignent 800 à 1,000 mètres dans toute cette région, il tourne à l'ouest en en sortant, et débouche au pied de ces plateaux dans une large plaine d'alluvions sablonneuses par une autre chaîne de collines côtières qu'il traverse dans une gorge étroite.

C'est cette plaine qui forme à proprement parler le district de l'Oued-Noun. Elle est le centre politique d'un assez grand nombre de tribus arabes et berbères, toutes nomades sauf quelques fractions ksouriennes.

Leur habitat, limité au nord à ces parages, s'étend vers le sud jusqu'à Tindouf d'une part et de l'autre jusqu'à l'oued Seguiat el Hamra, par le Tekna.

On ne peut les considérer comme constituant effectivement la population de l'Oued-Noun. Mais toutes y sont représentées et bien que très divisées elles comptent des fractions qui, cantonnées, par exemple, dans le Tekna, n'y paraissent jamais.

L'étude consacrée à l'Oued-Noun s'applique plus particulièrement aux tribus et fractions qui figurent effectivement dans sa population. Mais étant donné qu'il s'agit de nomades dont le parcours s'étend à plus de 200 kilomètres dans le sud, on comprend qu'il ne soit pas possible de donner ces indications avec une précision absolue.

Origines. — D'après les historiens marocains l'Oued-Noun aurait eu primitivement pour habitants une fraction de la grande tribu berbère des Lemta, cantonnée dans le Sahara. Jusqu'à l'époque de Marmol on les désignait encore sous le nom de Noul Lemta. Sidi Okba, lors de la première apparition des musulmans au Maroc, était venu chez eux ; mais momentanément convertis ils reprirent bientôt leur indépendance politique et religieuse, et la conservèrent jusqu'au règne de Mouley Idris Seghir. A sa mort l'Oued-Noun devint, comme le Sous et le Drâa, l'apanage de son fils Mouley Abdallah, puis dépendit des différentes dynasties de Sidjelmassa, et au XI⁰ siècle, fut conquis par les Morabethyn sous Abdallah ben Yacin.

A partir de cette période, l'histoire des tribus de l'Oued-Noun paraît plus particulièrement liée à celle des peuplades sahariennes pendant quelques siècles. Puis, lors de la fondation de la dynastie des Saadiyn, Abou Abdallah Mohammed ech-Cheikh rattacha ce district à son empire au XVI⁰ siècle. Ensuite Mouley Ismaïl, au début de la dynastie actuelle, dans la seconde moitié du XVII⁰ siècle, y bâtit la première kasbah du Maghzen et reçut la soumission de toutes [les tribus de la région : Oulad Delim, Berabich, etc. Un peu plus tard, en 1748, son fils Mouley Abdallah, dont la mère appartenait à une de ces tribus, les Moafera, alla lui-même s'installer pendant deux ans au milieu d'elles. L'Oued-Noun faisait ainsi partie intégrante du Maroc, au commencement de la période moderne.

D'importantes modifications s'étaient produites au cours des âges dans la composition de sa population. L'invasion arabe du xi° siècle avait peu à peu jeté au Maroc de nombreuses tribus qui, intervenant dans les luttes locales, s'y étaient établies au milieu des Berbères. Dans la région saharienne les nouveaux venus appartenaient au groupe des Màqhil. Deux de ses fractions, les Oulad Mastar et les Oulad Hassan, avaient envoyé d'importantes colonies jusqu'au Drâa et au Sous. C'est de l'une d'elles que les Aït Bâ Amran tirent leur nom. Situé à la lisière du Sahara, l'Oued-Noun devient tout particulièrement l'objectif de deux des plus puissantes, les Oulad Delim et les Oulad Berbech, qui s'y installèrent définitivement dès le xvi° siècle. D'autres fractions se joignirent du reste à celle-ci.

Les anciens Berbères de la région se trouvèrent ainsi placés sous la dépendance des nomades arabes envahisseurs. S'appuyant sur cet élément, le chef d'une fraction des Aït Moussa ou Ali, du ksar d'Aouguelmin, Mohammed Beirouk, réussit à la fin du xviii° siècle, au moment même où se créait au Tazéroualt l'État de Sidi Hachem, à établir son autorité sur tout l'Oued-Noun. Il construisit une nouvelle kasbah à Aouguelmin, y réunit quelques troupes d'esclaves, organisés militairement, et devint en quelque sorte le sultan d'un petit royaume. Sans accepter absolument sa domination les nomades eux-mêmes reconnaissaient sa suprématie.

Son fils El Habib ne sut pas conserver cet héritage et les luttes recommencèrent bientôt entre les partis locaux. Néanmoins, sa famille continua jusqu'à ces derniers temps à avoir une situation prépondérante, et jusqu'en 1886, l'Oued-Noun resta indépendant du Maroc.

Mouley Hassen avait engagé pour obtenir sa soumission
des négociations qui déterminèrent tout d'abord le cheïkh
Dahman, fils et successeur d'El Habib, à essayer d'obtenir
l'appui de la France. Il nous fit des ouvertures qui restèrent
sans réponse. Craignant de voir intervenir de ce côté, soit
l'Espagne, soit l'Angleterre qui s'en était occupée à la
suite de la captivité d'un de ses nationaux, M. Butler,
retenu prisonnier à Aouguelmin de 1866 à 1874, le sultan
du Maroc se décida à agir. L'objectif de l'expédition de
1886 était surtout de rétablir ses droits sur l'Oued-Noun,
et il y réussit au moins en ce qui concerne la population
sédentaire. Cheïkh Dahman accepta le titre de caïd, sous
lequel il exerce actuellement son autorité. Mais de même
que le chef du Tazéroualt, il perdit par cette compromis-
sion une partie de son influence et, en dehors d'Aouguelmin, des ksour voisins, son influence est minime. Chez
les nomades il n'en a plus aucune, encore que les tentatives faites par Mouley Hassen pour rallier à la cause mu-
sulmane qu'il personnifie, les tribus sahariennes, aient
abouti à faire reconnaître par celles-ci sa suzeraineté nominale.

En résumé la population nomade de l'Oued-Noun est
aujourd'hui complètement indépendante. Celle des ksour
obéit à un caïd, qui est en même temps cheikh héréditaire,
et qui n'a fait acte d'obéissance au sultan, que parce qu'il
n'a pu s'en dispenser.

Fractionnement. — La population de l'Oued-Noun
se divise en deux groupes formant des partis locaux hostiles, et qui, sans rappeler sa double origine, au point de
vue ethnologique, peuvent se rattacher historiquement au
fractionnement politique produit par l'invasion arabe.
Parmi les anciens Berbères du pays, les uns favorisèrent

l'arrivée des Arabes, les autres s'y opposèrent. De même parmi ces derniers il se produisit une scission ; les premiers venus formaient une sorte de clientèle nomade des autochtones. Ils résistèrent aux nouveaux envahisseurs. En même temps se formèrent les deux partis locaux correspondant aux lef Tahoggat et Taguizoult.

Ces partis portent les noms de Aït Billah (Taguizoult) et de Aït Djemel (Tahoggat). Le premier est parfois désigné sous le nom d'une des tribus qui le composent, les Azouafid.

Aït Moussa ou Ali.

C'est la tribu qui domine au point de vue politique, dans l'Oued-Noun, et forme l'élément principal de la population du district même. Elle se divise en deux fractions, l'une nomade désignée sous le nom de Id Beirouk ; l'autre, sédentaire et fixée presque entière à Aouguelmin, forme les Aït Aouguelmin.

Ces fractions comprennent elles-mêmes de nombreuses subdivisions dont les principales sont :

Id Beirouk. . . .	Aït Cheikh Mohammed.
	Id Saïah.
	Id Lallah Aöuicha.
	Oulad Sidi Ahmed ben Saïd.

Aït Aouguelmin . .	Aït Moussa ou Ali.
	Aït Rouiedda.
	Aït Ouadi oum el Achir.
	Aït Dahou Ouaimir.

La première fraction compte environ 600 fusils et

200 chevaux. Elle représente à proprement parler le clan même des Oulad Beirouk, dont la seconde est la clientèle.

Non compris quatre mia d'askar laissés dans le ksar en 1886, Aouguelmin peut avoir 600 fusils dont 400 pour les Aït Moussa ou Ali.

L'élément arabe domine dans la tribu dont les nomades renient toute origine berbère et qui dirige le parti des Aït Djemel, auquel elle appartient. C'est sur ceux-ci seulement que Cheïkh Beirouk a encore quelque autorité.

Outre Aouguelmin, les Aït Moussa ou Ali sont encore maîtres de deux ksour : Iguisel et El-Biar, sur l'oued Oum-el-Achir.

Au point de vue religieux, bien que Cheïkh Beirouk soit en bonnes relations avec le Tazéroualt, où il se rend parfois, sa tribu compte surtout de nombreux Rhedem, d'un chérif kadri, Sidi ben el Hannech, dont la zaouiya est à Tindouf, et qui vivait au milieu des Tadjakant.

Aït Yarin.

Petite tribu arabe, dispersée en partie dans l'Azarar et chez les Akhsas. Elle est des Aït Djemel et se divise en Aït Embarek ou Ali, et Id Bou el Haouilet, nom sous lequel on la désigne aussi dans l'Oued-Noun. Elle a un petit ksar sur l'oued même. Y compris les nomades ses effectifs s'élèvent à 500 fusils et 25 chevaux.

Aït Tekri.

Fraction de la grande tribu des Aït Tekri, du bassin du

Sous, qui s'est installée dans l'Oued-Noun. Elle comprend les fractions des Aït Bou Ighouiel et Aït Bouhou, avec les ksour de Tiglit et El-Bordj (250 *fusils*).

Les Aït Bouhou comptent plus particulièrement dans le lef des Aït Brahim, dont les nomades viennent emmagasiner à Tiglit leur ksar.

———

Azouafid.

Principale tribu du groupe des Aït Billah, elle revendique une origine arabe, mais est plus connue sous le nom berbère d'Izofaden.

Son habitat est au sud de l'Oued-Noun. Elle possède le ksar de Tigmert, sur l'oued Saïad, au sud-est d'Aouguelmin, et dont l'importance égale presque celle de celui-ci. Puis ceux de Aserir.

Ouaroun, sur l'oued Aroualou, affluent de gauche de l'oued Noun.

Tamesoukt.

Les Azouafidh, dont le territoire renferme au sud, entre l'Oued-Noun et le Tekna, le massif montueux de Tamsouk, se divisent en :

Id Ahmed ou Ali, à Ouaroun ;
Id Ahmed ou Salem ⎱
Id Embarek ou Ali ⎰ à Aserir :
Id Mohammed, à Tigmert ;
Aït Tamesoukt.

La fraction la plus puissante est celle des Id Ahmed ou Salem, dont le chef Youcef ou Ahmed a accepté le caïdat comme Cheikh Beirouk.

Tant nomades que ksouriens les Azouafidh comptent 1,100 fusils et 100 chevaux.

Aït Ahmed.

Tribu arabe, les Aït Ahmed se partagent entre les Aït Billah et les Aït Djemel. Ils sont pour la plupart nomades et vont d'une part dans le Tekna, de l'autre jusqu'au Draâ moyen. Dans l'Oued-Noun, leur principal centre est le ksar de Taourirt, au sud-ouest du district. Ils possèdent en outre celui de Tarmeguizt qui dépend du premier, et ceux de Taguenit sur l'oued Handja et de Faseq.

Au point de vue du fractionnement on peut les diviser en trois groupes, suivant leurs points d'emmagasinage.

1° Tagueint . . .	Id bou Nailet.
	Id Hammon ou Ali.
2° Faseq	Id Seghaidi.
	Id Outahra.
	Id el Mahdjoub.
	Ahl Foum el Soûq.
3°	Ahl Chillal.
	Ahl Boui.
	Ahl Serrabou.
	Ahl Bahaïa.
	Ahl Djouimia.
	Oulad Sidi Ahmed.
	Ahl bou Talamt.

La fraction dominante est celle de Faseq, où habite un

cheikh, nommé caïd en 1886, Mohamed Mouloud ould Djemba.

Effectif : 700 fusils ; 150 chevaux.

Aït Messaoud.

Tribu apparentée aux Ida ou Belal et mélangée comme territoire aux Aït Ahmed, mais exclusivement du parti des Aït Billah.

Deux fractions : Id Mohammed et Id el Hadj Haidoun, formant au total 800 fusils et 125 chevaux.

Aït Oussa.

Tribu du bassin de l'oued Drâa, mais qui au point de vue politique est comprise dans le groupe de l'Oued-Noun. Elle occupe la vallée de l'oued de ce nom, entre le djebel Tabagout et le djebel Taskalouin, au sud de la région déserte, désignée sous le nom d'Ansas. Cette zone, qui s'étend de l'oued Saïad inférieur au Tamanart, est parcourue par les Ida ou Brahim, qui habitent sa lisière septentrionale, les gens de Tamanart, à l'est, les Aït Oussa au sud et les Aït Bou Achera au sud-ouest.

Les Aït Oussa sont berbères. Ils se divisent en deux grandes fractions subdivisées elle-mêmes en clans nombreux.

1° Ida ou Mellif . .	Ida ou Tiga. Id bou Djemaa. Imeghelei.

2ᵒ Ida ou Nguit . . {
Id Chliah.
Aït Taguirart.
Id ou Aissi.
Id Melouka.
Aït Tigga.
Iheressen.

Les Ida ou Mellil ont pour ksour :

Guiz,
Talaint n Aït Oussa,
Foum Aggou ;

et les Ida ou Nguit :

Djéreifia,
El Mers n Aït Oussa.

C'est chez ces derniers que se trouve l'importante zaouiya Assa, des Nasseriyn Halleliyn, dont l'influence s'étend sur les tribus voisines.

Mouley Hassen a essayé de donner aux Aït Oussa un caïd des Ida ou Nguit qui n'a aucune autorité.

Effectif : 1,000 fusils ; 100 chevaux.

Une partie des Aït Oussa, comme du reste toutes les tribus de la région, ont des chameaux de selle.

Aït Bou Achera.

Tribu berbère, voisine de la précédente, à l'ouest. Elle est exclusivement nomade et n'a qu'un seul ksar, Tahiddelt.

Deux fractions :

Id bou Nailet . . . {
Id Embarek ou Ali.
Ahl Mouloud Embarek.

Aït Haddou el Hassen.	Ahl bou Tagount.
	Ahl Daoud Haddi.
	Ahl Djéreifia.
	Ahl Djebeir.

Effectifs : 500 fusils. Pas de chevaux, des chameaux de selle seulement.

Tadjakant.

Les Tadjakant sont une grande tribu maraboutique dispersée dans le Sahara, du Drâa au Niger. Une fraction seulement peut être rattachée au groupe politique de l'Oued-Noun. C'est celle dont le centre est au ksar de Tindouf. Elle compte parmi les Aït Djemel, mais les indigènes qui la composent ne viennent qu'exceptionnellement dans l'Oued-Noun même, et seulement en caravanes. Leurs relations avec ce district tiennent surtout à ce que les Aït Moussa ou Ali sont Rhedem de leur cheikh, Sidi Mohammed ben el Hannech.

Tindouf lui-même n'est qu'un petit ksar saharien qui doit son importance à sa situation sur la route du Sud marocain au Soudan.

Les Tadjakant de Tindouf se divisent en :

Aït ben el Hannech .	Ahl Mousenni.
	Ahl Djeberra.
	Oulad el Bada.
	Ahl Djemilat.

Harratin.	Ahl el Bir.
	Ahl oued Drâa.
	Ahl Djoub.
	Oulad Saïad.

Tous ces Tadjakant de Tindouf reconnaissent pour chef Sidi Ahmed Dougma, chef de la zaouiya du feki Sidi Mohammed ben el Hannech dont il descend.

Effectifs : 650 fusils; 50 chevaux. Presque tous ont des chameaux de selle.

———

Oulad Bou Sebah.

Tribu arabe, dont les fractions les plus importantes sont fixées d'une part au sud-ouest de l'Adr'ar de Chinguit, d'autre part entre Marokesch et Mogador.

Une autre de leurs fractions comptant 200 tentes est nomade entre Tindouf et le Drâa. Elle subit l'ascendant politique des Tadjakant de Tindouf.

Effectif : 120 fusils et méhara; quelques chevaux.

———

Taoubalt.

Tribu arabe de même origine représentée par 40 tentes à Tarkouz, entre Tindouf et l'Oued-Noun, d'où le nom de Tarkouz, Turkez, qui est souvent donné à cette fraction.
Elle subit l'ascendant des Tadjakant.

Effectif : 75 fusils.

———

Aroussiyn.

Tribu originaire de Seguiat el Hamra où elle s'est formée d'éléments divers autour de Sidi Mohammed el Arous si. Elle est aujourd'hui dispersée. Une de ses fractions comptant 150 tentes, occupe le pays au sud du territoire des Aïl Oussa, entre Tindouf et le Tekna. Elle subit l'ascendant des Aïl Oussa de Zaouiyat Assa.

Effectif : 250 fusils.

———

A cette nomenclature des tribus qui forment le groupe de l'Oued-Noun, on pourrait encore ajouter les Tridariyn, Izerguiin, Reguibat, etc., une grande partie des tribus qui se trouvent au sud des précédentes. Mais bien que jouant un rôle à l'occasion dans l'Oued-Noun, elles forment plus particulièrement le groupe du Tekna.

TABLE DES MATIÈRES

ANGERS, IMP. A. BURDIN ET Cie, RUE GARNIER, 4.

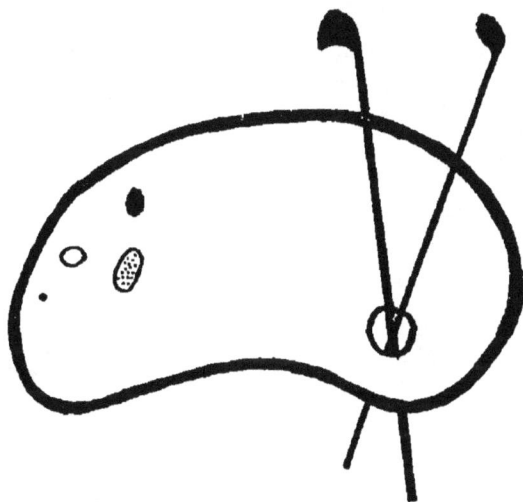

ORIGINAL EN COULEUR
NF Z 43-120-8

www.ingramcontent.com/pod-product-compliance
Lightning Source LLC
Chambersburg PA
CBHW070901280326
41934CB00008B/1532